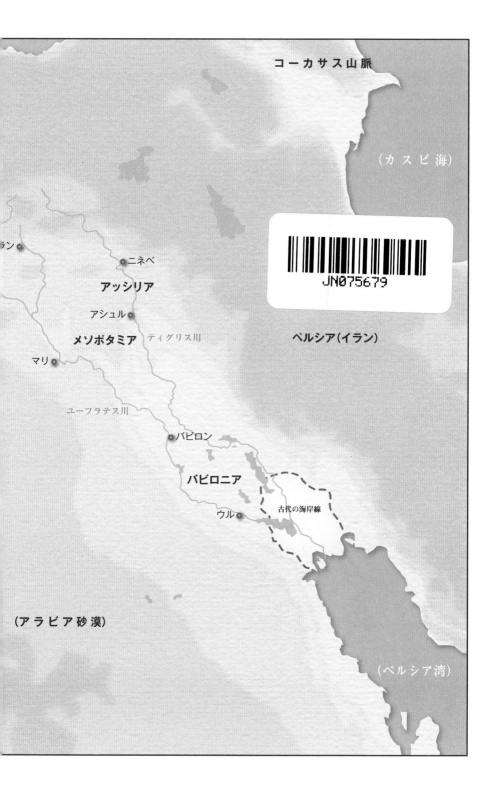

コーカサス山脈

（カスビ海）

ラン

ニネベ

アッシリア

アシュル

メソポタミア　ティグリス川

マリ

ペルシア（イラン）

ユーフラテス川

バビロン

バビロニア

古代の海岸線

ウル

（アラビア砂漠）

（ペルシア湾）

旧約聖書の教え

The Old Testament

聖書協会共同訳対応版

キリスト教学校教育同盟 編

創元社

はじめに：旧約聖書を学ぶにあたって

　聖書の目次を開いてみると、まず気づくのは、大きく分けて旧約聖書と新約聖書という2つの書物から聖書が成り立っていることです。さらに詳しく見ると、旧約聖書の目次には創世記からマラキ書まで39の項目が、続く新約聖書にはマタイによる福音書からヨハネの黙示録まで27の項目が並んでいます。これらの一つひとつは独立した書物です。したがって聖書は、66の書物が集められて完成した書物ということになります。これから私たちは、この聖書の前の部分、旧約聖書を読み進めていきます。

　旧約聖書は、もともとはユダヤ教の経典（きょうてん）でした。最初は口から口へと語り伝えられるものでしたが、やがて羊の皮に書き記された巻物となり、さらに時を経て新約聖書と合わせて編集され、キリスト教の正典（せいてん）として一冊の本となったのです。初期のキリスト教会は、ナザレのイエスという人物こそ神から遣（つか）わされた救（すく）い主（ぬし）であるとの証言をするために、旧約聖書を用いました。ですから、新約聖書の中で登場する「聖書」は、旧約聖書を指しているのです。

　旧約聖書には、人々の救い主であるメシアについての明確な記述があります。旧約聖書の人々は多くの苦しみの歴史の中で生きてきましたが、神の言葉を伝える預言者（よげんしゃ）たちが、人々を苦しみの中から救い出すメシアの出現を語りました。その希望によって人々は非常に長い期間にわたる苦しみの時代を生き抜いたのです。

メシアがこの世に来ることを待望する（祈りつつ楽しみにして待つ）という信仰は、新約聖書に受け継がれます。ですから、キリスト教にとっては、新約聖書だけでなく、その背景として、また土台として旧約聖書を読む必要があるのです。

　私たちは、旧約聖書を読み進めていく中で、神を信じて生きた人々の歴史を学ぶだけでなく、そこに描かれている生き生きとした人間像に迫ることによって、自分自身の姿や生き方を見つめることができるでしょう。実はこれこそが聖書を読むことの意義なのです。

死海

第1章 天地創造とイスラエルの民の誕生

第2章 約束の地をめざして

凡例⋯⋯⋯⋯⋯⋯⋯⋯⋯⋯⋯⋯⋯⋯⋯⋯⋯⋯⋯⋯⋯⋯⋯⋯⋯⋯⋯⋯⋯

• 聖書からの引用は、日本聖書協会発行の『聖書 聖書協会共同訳』によりました。

• 聖書箇所は、「書名　章：節（詩編は編：節）」で示しました。

• キリスト教用語や中学校卒業までに習わない漢字を中心にルビを振りました。

旧約聖書39巻一覧表

書　名	英語書名	英語略記	分　類
創世記	Genesis	Gen	律法 （モーセ五書）
出エジプト記	Exodus	Ex	
レビ記	Leviticus	Lev	
民数記	Numbers	Num	
申命記	Deuteronomy	Deut	
ヨシュア記	Joshua	Josh	歴史書
士師記	Judges	Judg	
ルツ記	Ruth	Ruth	
サムエル記上	1 Samuel	1Sam	
サムエル記下	2 Samuel	2Sam	
列王記上	1 Kings	1Kgs	
列王記下	2 Kings	2Kgs	
歴代誌上	1 Chronicles	1Chr	
歴代誌下	2 Chronicles	2Chr	
エズラ記	Ezra	Ezra	
ネヘミヤ記	Nehemiah	Neh	
エステル記	Esther	Esth	
ヨブ記	Job	Job	文学書
詩編	Psalms	Ps	
箴言	Proverbs	Prov	
コヘレトの言葉	Ecclesiastes	Eccl	
雅歌	Song of Solomon	Song	
イザヤ書	Isaiah	Is	預言書
エレミヤ書	Jeremiah	Jer	
哀歌	Lamentations	Lam	
エゼキエル書	Ezekiel	Ezek	
ダニエル書	Daniel	Dan	
ホセア書	Hosea	Hos	
ヨエル書	Joel	Joel	
アモス書	Amos	Amos	
オバデヤ書	Obadiah	Obad	
ヨナ書	Jonah	Jon	
ミカ書	Micah	Mic	
ナホム書	Nahum	Nah	
ハバクク書	Habakkuk	Hab	
ゼファニヤ書	Zephaniah	Zeph	
ハガイ書	Haggai	Hag	
ゼカリヤ書	Zechariah	Zech	
マラキ書	Malachi	Mal	

新約聖書27巻一覧表

書　名	英語書名	英語略記	分　類	
マタイによる福音書	Matthew	Mt	共観福音書	福音書
マルコによる福音書	Mark	Mk		
ルカによる福音書	Luke	Lk		
ヨハネによる福音書	John	Jn	第四福音書	
使徒言行録	Acts	Acts		証言と歴史
ローマの信徒への手紙	Romans	Rom	四大書簡	手紙 （パウロの手紙）
コリントの信徒への手紙一	1 Corinthians	1Cor		
コリントの信徒への手紙二	2 Corinthians	2Cor		
ガラテヤの信徒への手紙	Galatians	Gal		
エフェソの信徒への手紙	Ephesians	Eph	獄中書簡	
フィリピの信徒への手紙	Philippians	Phil		
コロサイの信徒への手紙	Colossians	Col		
テサロニケの信徒への手紙一	1 Thessalonians	1Thes	初期書簡	
テサロニケの信徒への手紙二	2 Thessalonians	2Thes		
テモテへの手紙一	1 Timothy	1Tim	牧会書簡	
テモテへの手紙二	2 Timothy	2Tim		
テトスへの手紙	Titus	Tit		
フィレモンへの手紙	Philemon	Phlm	獄中書簡	
ヘブライ人への手紙	Hebrews	Heb	公同書簡	手紙 （パウロ以外の手紙）
ヤコブの手紙	James	Jas		
ペトロの手紙一	1 Peter	1Pet		
ペトロの手紙二	2 Peter	2Pet		
ヨハネの手紙一	1 John	1Jn		
ヨハネの手紙二	2 John	2Jn		
ヨハネの手紙三	3 John	3Jn		
ユダの手紙	Jude	Jude		
ヨハネの黙示録	Revelation	Rev		啓示

第1章
天地創造と
イスラエルの民の誕生

1
天地創造

（創世記1：1-2：7）

神の全能性　聖書の書き出しは、「初めに神は天と地を創造された」（創世記1：1）です。この「初めに」という言葉は、神がすべてのものに先立って存在するということを意味します。何もない混沌とした暗闇から、神は言葉によって順序正しく森羅万象（すべてのもの）を創造していきます。「神は言われた。『光あれ。』すると光があった」（創世記1：3）。「あれ」とは「在れ」であり、存在せよとの命令です。私たち人間が決して使うことのない、神の全能性（あらゆる能力を備えていること）を示す独自の表現です。神が「ある」ことを命じると、それが存在するのです。

　このようにして神は「第一の日」から「第六の日」までの6日間をかけて天と地、海、太陽と月と星、魚と鳥、獣と家畜と地を這うものなどすべてのものを創造し、7日目に休みました。この神の休みを安息と言い、律法（旧約聖書における、神が命じた掟）の1つである安息日規定はここから生まれました。また、創世記では、神のつくったものに対して「神は見て良しとされた」という言葉が繰り返されますが、これには神が創造したものすべては存在そのものが良いものであるという意味が込められています。旧約聖書は、世界とその中にあるものを神がつくったものとして、肯定的にとらえているのです。

アダムの創造（ミケランジェロ、1508〜1512年）

人間の創造　　創世記1章によれば、神が最後につくったものは人間でした。人間は神の愛を受け、互いに愛し合う存在として、特に思いを込めて最後に創造されたのです。また「神は人を自分のかたちに創造された」（創世記1:27）とある通り、「あれ」ではなく、「創造された」という言葉を用いて、神がつくったものの中で、人間が特別な存在であることが強調されています。また、「自分のかたちに」というのは、姿かたちが神と同じであることを示しているのではなく、人間が神の働き手として、神からの使命を果たす役割を託されていることを意味しています。

　2章の、神による人間創造の記事にも注目してみましょう。「神である主は、土（アダマ）の塵で人（アダム）を形づくり、その鼻に命の息を吹き込まれた。人はこうして生きる者となった。」（創世記2:7）

　神によって特別に大切につくられたにもかかわらず、人間のもとになった材料は、土の塵という、取るに足りない無価値なものです。しかし、私たち人間は、神によって命を与えられ、生かさ

エバの創造（ミケランジェロ、1510年）

れている、かけがえのない存在なのです。人間が神に命の息を吹き込まれた土であるとのたとえは、新約聖書にも受け継がれます。「私たちは、この宝を土の器に納めています」（コリントの信徒への手紙二4：7）。弱く、もろく、はかない人間、しかし神から命を与えられ、生かされている人間。人間の創造の物語は、まさに私たちが生きる真実の姿を表していると言えるでしょう。

Question

①創世記1章と2章の天地創造物語の違いを比べてみましょう。

②聖書以外ではどのような世界のはじまりの物語があるか、調べてみましょう。

COLUMN

「旧約聖書」という名称　キリスト教における聖書は、大きく分けて、旧約と新約の2つから成り立っています。わざわざ「キリスト教における」と記したのは、ユダヤ教やイスラム教では「聖書」と言う場合にこのような分け方をしないからです。

　旧約という名称は、ユダヤ教から生まれたキリスト教の側が新しくつけたものです。キリスト教では、イスラエル民族が長い歴史の歩みの中で待ち望んでいた救い主（ヘブライ語でメシア、ギリシア語でキリスト）の誕生を、ナザレのイエスにおいて実現したと信じます。それまでユダヤ教が生み出し、守り継いできた聖書を、キリスト教では「旧（古）い契約」（英語でThe Old Testament）、つまり「旧約」と呼びました。そして、イエスがキリスト（救い主）であると信じて新たに記された「新しい契約」（英語でThe New Testament）、つまり「新約」を聖書として付け加えたのです。

　旧という漢字には、「時間を経ている」「新鮮でない」「時代遅れの」「用済みの」といったマイナスのイメージが含まれていることから、ユダヤ教やイスラム教の立場に配慮して、「旧約」という呼称がふさわしくないという意見があります。そこで、「旧約聖書」に代えて、「ヘブライ語聖書」「イスラエル書」「聖書第一部」などの呼称が提案されていますが、いずれもまだ定着していません。

　本書では、そのような議論があることは承知しながらも、現在、広く用いられている「旧約聖書」と呼ぶことにします。

2
アダムとエバ

（創世記 2 : 7-3 : 24）

エデンの園　　神はエデンの園という場所を設け、最初の人間ア
ダムを連れて来ました。神はアダムに、園を耕し、
守るよう命じます。人はただ生きているのではなく、神から与え
られた務めを果たす日々を送るのです。エデンの園を耕し、守る
ということは、自然を守り育てるという、人と世界との関わりに
ついての表現です。

エデンの園の中央には「善悪の知識の木」（創世記2 : 9）が生え

イラクの子どもたち：エデンの園はバビロニア（現在のイラク）にあったとされています。

エデンの園（ヤン・ブリューゲル、ルーベンス、1617年ごろ）

ていました。この木からは取って食べてはいけないと神はアダム
に命じました。「食べると必ず死ぬことになる」（創世記2：17）か
らです。

　最初の人間はアダムだけで、ほかには誰もいませんでした。神
はこれを良くないこととしました。「人が独りでいるのは良くな
い」（創世記2：18）。人は「独り」では生きることができないので
す。神は人の前にあらゆる生き物を連れて来ますが、アダムにと
っての「彼にふさわしい助け手」（創世記2：18）は見つかりません
でした。そこで、神は彼を眠らせてあばら骨の1つを取って、「彼

にふさわしい助け手」をつくりました。こうして人は他者を必要とし、互いに助け合って生きる存在であることが示されます。

　最初2人は裸でしたが、恥ずかしくはありませんでした。裸とは、隠すものがないことを意味します。これは人と人との、本来あるべき理想的な関係を表しています。互いに相手を愛し、信頼していたので、隠しごとをする必要がなかったのです。

蛇の誘惑　そこに蛇が現われ、女に「善悪の知識の木」の実を食べさせようとします。食べると「目が開け、神のように善悪を知る者となる」（創世記3：5）。「目が開け」というのは、知らなかったことに気づくこと、「善悪を知る」とは、すべての知識を得ることを意味します。つまり、食べると不可能なことは何ひとつなく、「神のように」なれるのです。これこそ人間に迫る究極的で本質的な誘惑です。私たち人間の中には、自分が神となって神の助けなしに生きたいという欲求があるのです。蛇の目的は、人を堕落させ、滅ぼすことでした。何をしたら人は破滅するのでしょうか。答えは簡単です。人を誘惑し、神から引き離せばよいのです。

　蛇が差し出した「善悪の知識の木」の実は、食べるに良く、目には美しく、また賢くなるというその木は好ましく思われたので、女は取って食べ、アダムにもすすめたので、けっきょく彼も食べました。すると2人の「目が開かれ」、裸であることを知ったので、2人は腰をいちじくの葉で覆いました。

　神の足音を聞いて、2人は隠れます。神の呼びかけに応える者から、神から身を隠す者へと、人は変わってしまったのです。神

楽園追放（ベルトラム・フォン・ミンデン、1380年ごろ）

は、食べるなと命じた木の実をアダムが食べたことを知り、彼を追及します。すると彼は、命令を破ったことの罪を女に押しつけます。女も悪いのは蛇だと責任転嫁しました。こうして2人は、心から信じ合える関係を自ら壊してしまいました。神のようになれるという誘惑に負け、神の命令に背いたことで神との関係を壊し、互いに責任を負わずに人同士の関係を壊し、エデンの園から追放されることによって世界（自然）との関係も壊してしまったのです。神は、裁きとして人を「塵に帰る」存在にしました（創世記3：19）。人は、死ぬ者となったのです。

　エデンの園の物語は、2人が追放されたところで終わってはいません。神は2人に「皮の衣」をつくって着せました（創世記

3：21）。彼らがまとったいちじくの葉では身を守ることはできません。聖書は人の弱さや罪の深さを語りますが、同時にそのような人に与えられる神の守りと導きを伝えます。神は命の息を吹き込んで生きる者とした人を、その生きる姿がどうあろうと、決して見捨てず、憐れみを与え続けるのです。「皮の衣」はその神の守りのしるしです。

カインとアベル

アダムは女をエバ（「命」の意味）と名づけました。やがて2人の間に息子たちが生まれます。兄カインは「土を耕す者」（農耕）となり、弟アベルは「羊を飼う者」（牧畜）となりました（創世記4：2）。初めての兄弟ですから、2人は互いの仕事を生かして協力し合えば、仲よく幸せに暮らすことができたでしょう。しかし、結果は、人類最初の殺人という不幸な出来事でした。

あるとき、2人は神に供え物をします。カインは土地の実りを、アベルは肥えた初子の羊を差し出しました。神は弟アベルとその供え物に目を留めましたが、兄カインとその供え物は無視しました。カインは激しく怒り、神から顔を背けます。そしてその怒りは、神に対してではなく、妬みとなって弱い立場の弟アベルへと向けられます。カインはアベルを野原に連れ出して殺したのです（創世記4：8）。

神はカインをその土地から追放し、ノド（「さすらい」の意味）の地に住まわせましたが、誰も復讐のために彼を殺すことのないように「しるし」をつけました（創世記4：15）。神は、楽園を追われたアダムとエバには「皮の衣」を与え、さすらい人となったカ

インには「しるし」をつけ、厳しい裁きの中でも、生きる道を与え、守ったのです。

 uestion

①アダムは「土の塵」で、エバは「命」であることの意味を考えてみましょう。

②蛇の誘惑を私たちの生活に置き換えて考えてみましょう。

カインとアベル（アンドレア・スキアヴォーネ、1542年ごろ）

3
大洪水とノアの箱舟
（創世記 6：5-10：32）

　旧約聖書の時代にイスラエル民族が生活したのは、「2つの川に挟まれた土地」という意味のメソポタミア地方です。2つの川とはティグリス川とユーフラテス川で、これらの大きな川はしばしば氾濫し、洪水を起こしました。時には大洪水となって、人々に大きな被害をもたらしたことでしょう。実際に、発掘調査で過去の大洪水を証明する地層が発見されています。

　この大洪水とノアの箱舟の物語は、現実に起こった洪水という自然災害の脅威が語り継がれる中で形づくられていったと考えられますが、天地創造の物語と同じように、旧約聖書が神や人間、さらには神と人との関係についてどのような見方をしているのか、わかりやすく描いたものとなっています。

なぜ洪水は起きたのか

　神は地上に増えた人々の間に悪が増していく様子を見て心を痛め、人をつくったことを後悔し、洪水を起こしてすべての生き物を地上から消し去ろうとします（創世記6:5-7）。そのような中で、神と共に歩んでいたのがノアとその家族でした。神はノアに巨大な舟をつくらせ、ノアの家族たちとすべての生き物の雄と雌を1匹ずつ乗せるように命じました。

人々が何も変わらない生活をしている中で、巨大な船をつくり、すべての動物を集めて乗り込ませる作業は、ノアにとってとても大変だったことでしょう。重労働であるばかりか、人々からあざ笑いの対象になったに違いありません。しかし、「正しく、かつ全き人」（創世記6：9）であったノアは、神に命じられたことをすべて実行しました。不平を漏らさず、疑うこともなく、それまでの日常生活のすべてを投げ打ち、全力を尽くして神に従う姿が描かれています。

約束のしるし　やがて洪水が起こり、雨が40日間降り続いたので、水が世界を覆い尽くします。「天の窓が開かれた」（創世記7：11）と表現されるほどの大洪水です。これによって、ノアと一緒に箱舟に乗ったものだけが生き延びました。やがて雨がやみ、箱舟はアララト山の頂きに止まりました。窓から放った鳩がオリーブの若葉をくわえて帰ってきたことで、ノアは水が地上から引き始めたことを知ります（創世記8：11）。

　ノアが家族や動物たちと舟から出ると、雲の中に虹を見ます。この虹は、神がノアとその家族を祝福し、二度と洪水によって肉なるもの（生き物）を滅ぼさないという約束のしるしでした（創世記9：17）。

 uestion

私たちの生活の中でノアの箱舟は何を意味するのか、考えてみましょう。

4
バベルの塔
（創世記 11：1-9）

世界中は同じ言葉を使って、同じように話していました。東のほうから移動してきた人々が住みやすい平野であるシンアルの地に住むようになると、文明が発達します。建築技術も発達し、石の代わりにれんがを、しっくいの代わりにアスファルトが用いられるようになりました（創世記11：1-3）。高く積み上げる建築が可能になったのです。20世紀の初めに、ジッグラトと呼ばれる7層からなる塔の遺跡が発掘されています。紀元元年ごろのもので、高さが90メートル以上もあります。これがバベルの塔の物語のモデルになったと考えられます。

神のいる場所をめざす

人々は「さあ、我々は町と塔を築こう。塔の頂は天に届くようにして、名を上

バベルの塔（ピーテル・ブリューゲル、1563年）

げよう」（創世記11：4）と考え、天に届く塔を築き始めました。天
とは神のいる場所を意味します。誰もが理解できる1つの言葉を

用いていたので、どんどん工事が進行します。

　しかし、神はそれを見過ごしません。神は人々の言葉を混乱させ、互いの言葉が通じないようにしました。たとえどれほど人間が偉大になろうとしても神には遠く及ばないことを、「主は〔中略〕降って来て」（創世記11：5）との表現が示しています。人は決して天には届かないのであり、また神はそのような試みを許さないのです。言葉が通じなくなって、建設を続けることができなくなった人々は、世界に散らばっていきました。こうして神が全地の言葉を混乱させた（バラル）ことから、この町はバベルと呼ばれました（創世記11：9）。

物語のメッセージ　人間が神のようになろうとする欲望は、聖書の時代にも現代にも共通するものです。壮大な塔の建築は、おそらく強制労働によるものです。権力を持つ者がそれを行使するためには、命令が正確に行き渡らなければなりません。そのための条件は、言葉が同じで、通じるということです。確かに言葉が通じるということは、大切で便利なことです。しかし一方で、神の座をめざすかのように、強い者が圧倒的な力をふるい、人々を支配しないためにも、また人々が互いに相手のことを理解しようと努力するためにも、言葉が多くあることや言葉が通じないことは、意味のあることと言えるのではないでしょうか。

　創世記の前半部分は、この短いバベルの塔の物語で「人は決して神のようになろうとしてはならない」とのメッセージを送って、ひとまず締めくくられます。

Question

①文明や技術の発達と人間の幸福について考えてみましょう。

②バベルの塔を描いた絵画を調べてみましょう。

③バベルの塔はどうしてらせん状に建てられているのか、その理由を調べ

てみましょう。

イラク（かつてのバビロニア）に現存するジッグラト

4

バベルの塔

5
アブラハム
（創世記 11 : 27-24 : 67）

　創世記11章までは神と人との関係をわかりやすい物語として記した神話の部分でしたが、このアブラハム物語からはイスラエルの歴史に入ります。特に創世記の後半部分の多くは族長物語と呼ばれ、アブラハム、イサク、ヤコブという3人の族長（民族の指導者、祖先）が中心人物として登場します。これらの族長物語は、神を信じて生きるイスラエルの人々の神との関係のあり方や、同じ民族の集まりとしてのイスラエルの姿を示す物語として、また伝説的な物語ではあるものの歴史的事実をもとに語られていて、イスラエルの歴史を知る資料としても重要な位置を占めています。

アブラムの召命

最初に登場するアブラハムは、イスラエル民族の父祖と呼ばれる人物です。初めはアブラムという名であった彼は、父のテラに連れられて、カルデアのウルを出発しました。父の死後、族長になったとき、彼は神の言葉を聞きます。それは、行き先を知らされない旅への出発の命令でした（創世記12 : 1-4）。

　神に選ばれ、使命を与えられることを召命と言います。神からの召命を受けたアブラムは、妻のサライ（後にサラ）、甥のロトと共に、具体的な行き先は知らされず、神が示すままに旅に出ま

した。一族は天幕という大きなテントを張って寝泊まりし、祭壇_{（さいだん）}を築いて主_{（しゅ）}という神の名を呼びつつ、遊牧の生活を続け、肥沃_{（ひよく）}な三日月地帯（ペルシア湾からティグリス・ユーフラテス川、アッシリアを経て、カナン、エジプトへ至る地域）を進み、カナンに到着しました。

　カナンは農業、鍛冶、商業などで栄えた地方で、特にヨルダン川流域の平野は土地が豊かで、人々は裕福な生活を営んでいました。アブラムの甥ロトはそれらの町のうちソドムとゴモラに移り住むことになりましたが、アブラムは遊牧の生活様式を守るために中央山地にとどまりました。

　ソドムとゴモラは道徳的に堕落_{（だらく）}していた町でした。人々は欲に満ちた生活をしていたのです。神はこれらの町を滅ぼすことを決めました。そのことを告げられたアブラムは、正しい者が何人いたら町を滅ぼさないかと、神に対して人数についての交渉を行います。神から「もしソドムの町の中に五十人の正しい者がいるなら、その者のために、その町全体を赦_{（ゆる）}すことにしよう」（創世記18：26）との返答を得たのをはじめに、アブラムがさらに神と熱心に交渉した結果、最後に神は正しい者が10人いたら町を滅ぼさないことを約束します。しかしアブラムの努力もむなしく、けっきょくソドムとゴモラはロトの家族を除いて滅ぼされました。正しい者は10人もいなかったのです。

イサクをささげる

神はアブラムを「多くの国民の父」（創世記17：4）とすると契約し、彼にアブラハム（「多くの国民の父」の意味）という名を授けました。歳をとった

アブラハムと妻サラには子がいませんでしたが、彼は神の約束を信じて子が与えられるのを待ちます。やがて約束通り男の子が生まれ、その子はイサク（「彼は笑う」の意味）と名づけられました。しかし、イサクが少年に成長すると、神はアブラハムに大きな試練を与えるのです。それはアブラハムの生涯において最も過酷な試練でした。

　神はアブラハムに「あなたの愛する独り子イサクを連れて、モリヤの地に行きなさい。そして私が示す一つの山で、彼を焼き尽くすいけにえとして献（ささ）げなさい」（創世記22：2）と告げたのです。イサクを殺すことを意味する神のこの恐ろしい言葉に、アブラハムは激しく動揺し、身を震わせたに違いありません。神はしばしば信じる者に試練を与えます。アブラハムにとってこれは耐えがたい命令であるだけでなく、神がなぜ自分にそのような試練を与えるのか、その理由や意味がわからず、アブラハムの心は深く傷ついていたはずです。それにもかかわらず、アブラハムは黙々と神に命じられた通りに行動しました。彼は焼き尽くすいけにえに用いる薪をイサクに背負わせて、神に命じられた山に登って行きました。

　神が命じた場所に着くと、アブラハムはイサクを縛って祭壇の薪の上に載せ、刃物を取りました。そのとき、「その子に手を下してはならない」との天からの声を聞きます。周囲を見回すと、木の茂みに角をとられた羊がいたので、これを捕えて祭壇に置き、いけにえにしました。このとき彼の口から出た賛美の言葉が「ヤハウェ・イルエ（主は備える）」（創世記22：14）です。

　どのようなときにも神を信じて、その言葉に聞き従ったアブラ

ハム。彼は後に子孫から信仰の父と呼ばれ、この出来事が語り継がれていくことになります。

　やがてイサクは穏やかな人に成長しました。彼の族長としての働きは、聖書の記事の中にはほとんど見当たりませんが、アブラハムの親族の娘リベカとの結婚に至るまでの出来事が美しい物語として描かれています（創世記24：1-67）。

Question

私たちがアブラハムの立場なら、神の試練をどのように受け止めるでしょうか。考えてみましょう。

イサクの犠牲（カラヴァッジョ、1603年）

6
ヤコブ
（創世記 25：19-33：20）

相続権をめぐる争い　イサクとリベカとの間に生まれたのはエサウ（「毛深い」の意味）とヤコブ（「かかと」の意味）の双子の兄弟です。兄であるエサウは生まれたとき、皮膚の色が赤く、全身が毛の衣のようでした。これに対して、弟ヤコブはなめらかな肌をしていました。2人は生まれ出る前からけんかをするほど、すべてにおいて正反対でした。やがて2人は成長し、エサウは狩猟が巧みな野の人となりました。ヤコブは兄とは対照的に穏やかな性格で、天幕の周りで働いていました。父イサクは肉が好物だったので、狩りの獲物を捕ってくるエサウを愛し、母リベカはおとなしく家事を手伝うヤコブを愛しました（創世記25：21-28）。

　兄弟の争いは、族長であるイサクの相続権をめぐって展開します。歳をとり体も衰えたイサクは、エサウに族長を引き継がせようとしますが、ヤコブはリベカと共謀し、エサウが狩りに出ている間に、エサウになりすまし、族長を受け継ぐ儀式の祝福をイサクから受けます。激しく怒ったエサウはヤコブを憎み、彼を殺そうと考えます。それを知ったリベカは、ヤコブを守るために彼を自分の故郷ハラン（パダン・アラム）へ逃れさせます（創世記27：1-28：5）。

ハランでの遊牧生活　兄から逃れる旅の途中、ヤコブは石を枕にして野宿しているときに不思議な夢を見ました。自分のもとから天まで伸びている階段を、神の使い（天使）たちが上り下りしているのです。夢から覚めたヤコブは、どこへ行こうとも神はいつも自分と共にいるということを確信します。兄をだまして父から祝福を受けた自分を省み、これからは人ではなく神からの祝福を受けて生きる決意をした彼は、枕にしていた石を立てて記念碑とし、その場所をベテル（「神の家」の意味）と名づけました（創世記28：10-22）。

　ハランに着いたヤコブは、伯父ラバンのもとに身を寄せ、遊牧の仕事を手伝いました。ラバンにはレアとラケルという2人の娘がいました。ヤコブは妹のラケルと結婚することを望み、その条

羊飼い

ヤコブの夢（15世紀）

件として、ラバンのもとで7年間働きました。ところがヤコブの
ところに連れて来られたのは姉のレアでした。このためヤコブは
さらに7年間働いて、けっきょく2人とも妻としました（創世記
29：15-30）。ヤコブは合計12人の男の子を授かりますが、やがて
これらの12人は、イスラエル12部族の祖先と呼ばれるようにな
ります。

カナンに帰る　　　　長期にわたるラバンのもとでの遊牧生活を通し
て、ヤコブはたくましく成長しました。その滞
在を終えてカナンに帰る途中、「ある男」が来て、明け方までヤ
コブと格闘しました。一晩中闘った相手は神でした。ヤコブの強
い願い出により、神はヤコブをその場で祝福し、彼にイスラエル
（「神は闘う」「神と闘う」の意味）という名を与えました（創世記
32：29）。

　20年間もの時は兄弟が和解するために必要な年月だったのか
もしれません。故郷に帰ったときには、兄エサウの怒りもおさま
っていました。ヤコブは3代目の族長として、その務めを果たす
ことになったのです。

Question

①遊牧生活が営まれていたカナン地方は、どのような気候と風土だったの
でしょうか。

②聖書における12という数字の意味を調べてみましょう。

7
ヨセフ
（創世記 37 : 1-50 : 26）

エジプトに売られる　　イスラエル（ヤコブ）は、12人の息子たちのうちでも、ラケルとの間に生まれた11番目の子ヨセフと12番目の子ベニヤミンを特別にかわいがりました。とりわけヨセフには「長袖の上着」を与えるなど、特別扱いをしました。このため兄たちはヨセフに嫉妬し、ヨセフがいることを不快に思っていました（創世記37 : 3-11）。

あるとき、ヨセフは夢を見ました。それは、畑でヨセフの結わえた麦の束に、兄たちが結わえた束がひれ伏したという夢でした。ヨセフはその内容を兄たちに話しました。その後、さらにヨセフは太陽と月と11の星がヨセフにひれ伏すという同じような夢を見て、兄たちの不快感はいっそう高まり、ヨセフは兄たちから激しく憎まれるようになりました（創世記37 : 5-11）。

兄たちはヨセフを殺すことを計画します。しかし直接手を下すことはせず、通りかかった隊商（移動しながら物を売る集団）に、銀20枚で売り渡しました。このようにしてヨセフはエジプトで親衛隊長ポティファルの奴隷となります（創世記37 : 18-36）。

しかし、ヨセフは逆境の中でも仕事に忠実で、やがて主人から財産管理を任せられるほど信頼されるようになります。ある日、主人の妻がヨセフの気を引こうとして、彼を誘惑します。ヨセフ

がこれを退けたため、腹を立てた妻のたくらみによって、無実に
もかかわらず彼は投獄されてしまいます。しかし、牢獄の中で今
度は牢獄長に信用されて、獄中全体の管理を任されるようになり
ました。「主はヨセフと共におられ」（創世記39：21）たので、ヨセ
フはどのような困難にあってもそれらを乗り越えて生きていくこ
とができたのです。

ファラオの夢を解く　　ヨセフは、夢を見るだけではなく、夢の
　　　　　　　　　　　　意味を言い当てる夢解きの力にも恵まれ
ていました。獄中でのヨセフの正確な夢解きは囚人の間で広く知
られていました。こうしてヨセフは、夢を正確に解く者としてフ
ァラオ（エジプトの王）の前に立つことになるのです。
　ファラオの見た夢は、7頭の美しく肥えた牛が、後から来た7
頭のやせ細った醜い牛に食べられてしまう夢と、7本のよく実っ
た穂が、後から出てきた7本のやせ細った穂にのみ込まれてしま
うという夢でした。ヨセフはこの夢を解いてファラオの不安を取
り除いただけでなく、その対策も伝えました。
　ヨセフの答えは、7年間の大豊作の後、それに続いて7年間の
大飢饉がエジプトとその周辺に起こるというものでした。彼は大
飢饉の対策として、大豊作の期間に倉庫を建てて食糧を大量に蓄
えておくようファラオに助言します。ファラオはヨセフに全面的
な信頼を寄せ、彼をエジプト全土の統治者に仕命したのです。
　やがてヨセフの夢解きの通り、大豊作が7年間続き、その後に
7年間の大飢饉がやって来ました。ヨセフの助言によって食糧を
豊富に蓄えたエジプトは被害を逃れましたが、各地に及んだ飢饉

ファラオの夢を解くヨセフ（ジャン・アドリアン・ギーネ、19世紀）

は非常に激しく、周辺に住む人々は、助けを求めてエジプトに穀
物を買いに来ました（創世記41：1-57）。

兄たちとの再会

エジプトに穀物があることを知ったイスラエ
ル（ヤコブ）は息子たちをエジプトに行かせ
ました。しかしその中には、ヨセフの弟ベニヤミンはいませんで
した。ヨセフは一目で兄たちと気づきましたが、兄たちは目の前
のエジプトの統治者が銀貨20枚で売りとばした弟であることに
気づくはずがありません。ヨセフは、最初は自分が弟であること

を兄たちに明かさず、ベニヤミンを連れて来させるために兄たち
をだまします。このやりとりは、創世記の42章から45章にかけ
て、ヨセフが意地悪いまでに兄たちを苦しめる出来事として描か
れていますが、それらは決して兄たちへの報復ではありませんで
した。それは兄弟全員がそろったときに彼らの前で自分がヨセフ
であることを告白し、こらえきれなくなって、涙を流しながら言
った言葉によって明らかになります。

「私はあなたがたがエジプトへ売った弟のヨセフです。しかし
今は、私をここへ売ったことを悔やんだり、責め合ったりする必
要はありません。命を救うために、神が私をあなたがたより先に
お遣わしになったのです。」（創世記45：4-5）

「あなたがたは私に悪を企てましたが、神はそれを善に変え、
多くの民の命を救うために、今日のようにしてくださったので
す。」（創世記50：20）

また、これらの言葉は、遠回りと思えるほどの長い時間をかけ
た神の計画の壮大さを表しています。ヨセフは波乱に富んだ自分
の人生の歩みにおいて、いつも必ず神が共にいるということを実
感したことでしょう。このような深い神の計画はさらに続きます。
ヨセフの招きによって、イスラエル（ヤコブ）の一族はエジプト
に住むことになります。この移住は、イスラエル民族の歴史にと
って最も大きな出来事、出エジプトの前提となっていきます。

Q uestion

神の不思議な計画のように感じられる出来事を自分の周辺から見つけてみ
ましょう。

第2章
約束の地をめざして

8
モーセ
（出エジプト記 1：6-4：20）

奴隷にされるイスラエル人　エジプトに移住し、安定した居住地を得たイスラエルの一族は、長い年月の間に大きく人口を増やし、強い民族へと変わっていきました。そのころ、ヨセフのことを知らない新しいファラオが現れて、そのようなイスラエルの人々に対して不安を抱き、警戒するようになります。そこでファラオは、イスラエル人を建設事業などに利用するために、奴隷（どれい）として強制労働をさせるようになりました。さらにファラオは、奴隷として酷使するだけでなく、数を減らしてその力を弱めようとして、ヘブライ人（イスラエル人）の助産師たちに、出産した子が男の子なら殺すように命じました（出エジプト記1：16）。しかし助産師たちが従わなかったので、ファラオは全国民に「生まれた男の子は一人残らずナイル川に投げ込め」（出エジプト記1：22）と命じました。

モーセの生い立ち　そのような中で、イスラエルのレビの家に男の子が生まれました。母親は3か月間この子を隠していたのですが、とうとう隠しきれなくなり、その子をアスファルトと樹脂で防水したかごの中に入れ、ナイル川の岸辺の水草の茂みに置きました。それを水浴びに来た王女が見つけ

ます。こうしてこの男の子は、王女の子として王宮で育てられることになります。王女は「私が彼を水から引き出したからです」（出エジプト記2 : 10）と言って、この子をモーセ（「引き出す」の意味）と名づけました。

　権力者であるファラオは幼い男の子たちを殺そうとしますが、その命を救おうとしたのは、神を畏れていた助産師でした。また、モーセを産んだ母親を王女に乳母として紹介したモーセの姉の機転も、幼子が無事に育つために必要でした。人の命を守ったのは、神を畏れ敬い、知恵を働かせ、勇気をふるい、良心に従って行動する何人かの女性たちであったことが印象的です。また、幼子が泣いている様子を王女が見て、ふびんに思ったことが幼いモーセを救い、イスラエル民族を救うことへと結びついていきます。歴史を支えているのは有名な者や上に立つ権力者ではなく、ひたむきに日常の生活を営む普通の人の心に働く愛の力なのです。

エジプト を 逃れる　こうしてモーセは、エジプトの王女の子として王宮で育ちました。やがて成人したモーセは、同胞であるヘブライ人（イスラエル人）が奴隷として重労働に服し、虐待されていることに心を痛めていましたが、とうとう怒りを抑えきれず、ヘブライ人を鞭打っているエジプト人を殺してしまいます。このためにモーセはエジプトを逃れ、ミデヤンの地に住む祭司エトロ（レウエル）のもとに身を寄せ、その娘ツィポラと結婚しました。こうしてしばらくの期間、モーセは羊の世話をしながら平穏な家庭生活を送っていました（出エジプト記2 : 11-22）。

　長い年月がたっても、エジプトでのイスラエル人の苦しみは軽くなるどころか増す一方でした。神は彼らの苦しむ声を聞き、エジプトから救い出すためにモーセを選びます。モーセは、イスラエル人をエジプトから救い出すために、神から召命（しょうめい）を受けたのでした。

　神はしばしばこのように、その計画を果たすために直接働くのではなく、ある人物を選び出し、その人に働きを託すのです。

モーセの使命　ある日、羊の群れを追って、神の山と呼ばれるホレブ（シナイ山）にやって来たモーセは、燃えつきない柴（しば）を見ます。不思議に思って彼が近づこうとしたとき、柴の間から自分の名前を呼ぶ声を聞きます。「私はあなたの先祖の神、アブラハムの神、イサクの神、ヤコブの神である」（出エジプト記3：6）との言葉で、モーセはそれが神の声であることを知り、顔を伏せました。しかし、「さあ行け。私はあなたをファラオのもとに遣わす（つか）。私の民（たみ）、イスラエルの人々をエジプトから導き出しなさい」（出エジプト記3：10）という神の召命の言葉に対して、モーセは、自分は何者なのか、どうしてイスラエルの人々を連れ出さないといけないのかと命令を拒否します。神はそれを許しません。神は言います。「私はあなたと共にいる。」（出エジプト記3：12）

　「神が共にいる」というのは、聖書全体を通して、また時代を超えて私たちにも示される神の励（はげ）ましの言葉です。この言葉に大きな勇気を与えられて、モーセは手に神の杖を携えて、エジプトへ向かいました。

Question

幼いモーセの命を守った女性たち（助産師や王女）の働きについて、感じ
たことを話し合ってみましょう。

モーセと燃える柴（ウィリアム・ブレイク、1800〜1803年）

9
出エジプト
（出エジプト記 5 : 1-13 : 22）

ファラオとの交渉　モーセがイスラエル人を解放させる交渉の
ために兄のアロンと共にファラオのところ
に出かけて行ったとき、モーセは80歳、アロンは83歳でした。
2人はファラオに、イスラエル人をエジプトから解放するよう迫
りますが、エジプトにとっての貴重な労働力であるイスラエル人
の解放など、認められるはずはなく、かえってファラオは心をか
たくなにして、イスラエル人たちの奴隷（どれい）としての労働をより過酷

モーセとアロン（18世紀）：右の角があるのがモーセ、左がアロンです。

にしました。さらに苦境に追い込まれた人々は、モーセを逆恨みしました。モーセは、ファラオとイスラエルの人々との間で板挟みになって、神に助けを求めます。

アロンはモーセにとっての良きパートナーでした。話すことについては、モーセは得意ではなかったので、ファラオとの交渉では雄弁なアロンがモーセに代わって話しました。互いに不足しているものを補い合うことで、人は役割を果たすために必要な力を得て、何倍もの働きを行うことができるのです。互いに協力し合うことの大切さを、私たちはモーセとアロンを通して教えられます。

神は言いました。「ファラオはあなたがたの言うことを聞かない。それで、私はエジプトに手を下し、大いなる裁きによって、私の集団、私の民イスラエルの人々をエジプトの地から導き出す。」（出エジプト記7：4）

エジプトにもたらされた災い

これによって10の災いがエジプトにもたらされることになります（出エジプト記7：14-11：10）。

十の災い

①血の災い　　　　⑥腫れ物の災い
②蛙の災い　　　　⑦雹の災い
③ぶよの災い　　　⑧ばったの災い
④あぶの災い　　　⑨暗闇の災い
⑤疫病の災い　　　⑩初子の災い

7番目の災い（ジョン・マーティン、19世紀）

　最後の初子の災いを除く災害は、エジプトに実際にもたらされた自然災害のことでしょう。人間の力をもってしても何の対策も及ばないこのような大自然の出来事を、聖書はしばしば神と結びつけ、それによって神の絶対性や偉大さを強調します。

　たび重なる災害にもかかわらず、ファラオはイスラエルの人々の解放を拒み、それどころか、ますます心をかたくなにします。そこで、最後の災いとして、エジプトのすべての初子が真夜中に死んでしまうという恐ろしい災害がもたらされました。エジプト中に響く悲しみの叫び声の中、ついに身の危険を感じたファラオとエジプトの人々は、イスラエルの人々を急いで去らせようとします。

主の過越

イスラエルの人々だけをこの10番目の災いから免れさせるために、神は家族ごとに1匹の小羊を屠り、その血を家の入口の2本の柱と鴨居に塗るよう命じます。その血を見た神がその家を過ぎ越す（通り過ぎる）ことによって、イスラエルの人々は災いを免れるのでした。また神は、その羊の肉を焼いて、種なしパン（酵母を入れないパン）と苦菜を添えて食べることを命じました（出エジプト記12：1-20）。この出来事が主の過越であり、今日まで続く、イスラエル民族の最大の祭りである過越祭の起源です。

こうして10番目の災いがエジプトにもたらされると、ファラオはイスラエルの人々が国から去ることをようやく認めました。イスラエルの人々は急いで荷物をまとめ、エジプトを脱出しました。聖書によれば、その数は100万人以上であったとされます。こうしてイスラエルの人たちは430年間にも及ぶエジプトでの奴隷生活から解放されたのでした（出エジプト記12：31-41）。

宿営を重ねて移動していくモーセが率いるイスラエルの人たちに対し、神はいつも先立って進み、昼は雲の柱、夜は火の柱を現して導きました（出エジプト記13：21）。神が、従う者に先立って導くということは、聖書の多くの箇所に込められた大切なメッセージです。

Question

過越祭の起源について詳しく調べてみましょう。また、現代の過越祭の祝い方は、イスラエルとその他の地域とでどのようになっているか、調べてみましょう。

10
葦の海を渡る
（出エジプト記 14：1-15：21）

ファラオの心変わり　イスラエルの人々がエジプトを去ったことを知ったファラオは、考えを一変させます。イスラエルの人々を連れ戻すか、あるいは砂漠で殺そうと、自ら軍勢を率いて戦車数百台を出動させ、追いかけました。

　間近に迫るファラオの軍勢を見て、イスラエルの人々はどれほど恐怖に震えたことでしょう。しかも行く手は海にさえぎられ、前にも後ろにも逃げ道はありません。ここで葦の海の奇跡が起こります。

神による救い　モーセが民に「恐れてはならない。しっかり立って、今日、あなたがたのために行われる主の救いを見なさい」（出エジプト記14：13）と言い、海に向かって手を伸ばすと、強い風が吹いて海を退かせ、水が分かれて両側に壁のようになり、海の底に乾いた道ができました。ファラオの軍勢が追いかけて来ましたが、イスラエルの人々が海を渡り終えたところで、再びモーセが海に向かって手を伸ばすと、水の壁はもとの場所へ流れ返り、ファラオの全軍は水にのまれて全滅したのでした。

　この奇跡は、イスラエル民族にとって神の大きな救いの出来事

として語り継がれていきます。

　「主に向かって歌え。なんと偉大で、高くあられる方。主は馬と乗り手を海に投げ込まれた。」（出エジプト記15：21）

　こうして出エジプトを果たしたイスラエルの人々は、葦の海を後にしました。しかしこれは、長く苦しい40年間の旅の始まりでもあったのです。

出エジプトの旅

uestion

聖書の中の40という数字の意味について調べてみましょう。

11
シナイ山の契約
（出エジプト記 15 : 22-19 : 25）

人々の不平　荒れ野の旅がイスラエルの人々にとって、とても苦しいものであったことは、容易に想像がつきます。どこへ向かっているのかも知らされず、暑さのために水の不足に悩まされました。せっかく着いたマラの泉では、水が苦くて飲めません。人々はモーセに不平を言いました。そこでモーセが神に示された1本の木を水に投げ込むと、甘くなって飲めるようになりました（出エジプト記15 : 22-25）。

　このように出エジプトの旅は水と食糧を求めることの連続であり、モーセにとっては人々の不平を受け止めることが日課でした。人は目先のことにすぐに不満を抱き、過去を忘れてしまいます。シナイ山に行く途中のシンの荒れ野では、人々はエジプトの肉の鍋を思い出し、エジプトで肉の鍋を食べて死んだほうがましだ、とまで不満の声を大きくします。モーセは、「夕方には肉を食べ、朝にはパンで満ち足りるであろう。あなたがたは私が主、あなたがたの神であることを知るようになる」（出エジプト記16 : 12）との神の言葉を伝えました。

　その言葉通り、夕方に宿営を覆うほどの、うずらの大群が飛んできました。朝になると露が降り、乾いて残った白い霜のような、マナと呼ばれる甘い食べ物を与えられました。このマナは、神が

授けた天からのパン（出エジプト記16：4）と言われますが、神は苦しいときに必ず必要なものを与えてくれるという信仰のしるしとして、イスラエルの人々の心に残りました。

天からのマナ（ポンポーニオ・アマルティーオ、16世紀）

律法の制定へ

出エジプトは、イスラエル民族の歴史の出発点とも言える大きな出来事です。奴隷（どれい）から解放されたものの、そこから始まった荒れ野の生活は人々を長い期間、苦しめました。430年間もの奴隷としての生活は、民族が1つの集団としてまとまる機会や知恵、経験を失わせました。人々には荒れ野の旅を生き抜くための団結力と精神力が求められました。

そこで民族共通の約束事が設けられ、それを厳しく守ることが必要となりました。その掟（おきて）が律法（りっぽう）です。そして、律法の原点であり基礎となったのが十戒（じっかい）です。律法を与えられ、守りながらの移動生活は、神への信仰が試されることとあわせて、神との関係が強く深くなっていくための大切な機会となりました。

これらの出エジプト後の出来事はレビ記、民数記、申命記に記されています。

Question

神の導きを身近に感じるような出来事について考えてみましょう。

12
十　戒
（出エジプト記 20：1-21）

神との契約　イスラエルの人々は、エジプトを出てからカナン地方へ向かいますが、回り道をして、かつてモーセが神から仲間を救う使命を与えられたシナイ山（ホレブ山）のふもとを通ります。彼らはシナイ山をあおぐ場所に天幕を張り、宿営しました。十戒はそのときにモーセを通して神から与えられた10項目の掟で、神とイスラエルとの契約であり、特に前文は、十戒の各項目にかかっているだけでなく、すべての律法の前提となっています。

　十戒は「私は主、あなたの神、あなたをエジプトの地、奴隷の家から導き出した者である」（出エジプト記20：2）と記される前文から始まります。これはいわば神の自己紹介ですが、イスラエル民族の神に対する深い信頼を表している言葉でもあります。

十戒（出エジプト記による）

①あなたには、私をおいてほかに神々があってはならない。

②あなたは自分のために彫像を造ってはならない。

③あなたの神、主の名をみだりに唱えてはならない。

④安息日を覚えて、これを聖別しなさい。

⑤あなたの父と母を敬いなさい。

十戒が刻まれた石板を持つモーセ（グイド・レーニ、1624年ごろ）

⑥殺してはならない。

⑦姦淫してはならない。

⑧盗んではならない。

⑨隣人について偽りの証言をしてはならない。

⑩隣人の家を欲してはならない。

申命記によると、第10戒は「隣人の妻を欲してはならない」（申命記5：21）となっています。

十戒の内容はいくつかに区分することができます。前半の第1戒から第4戒は神との関係において神に対して守るべき掟として、後半の第5戒から第10戒は人との関係において人に対して守るべき掟として示しています。また、前半は神をどのように信じるかという宗教的な戒め、後半は人に対しての倫理的な戒めというように分類することもできます。人に対しての掟である後半部分は、聖書に限らず、さまざまな法に存在しますが、宗教的な戒めと倫理的な戒めが一体となっているところが聖書の特徴と言えるでしょう。

十戒の意味　十戒の多くは否定的な厳しい禁止命令の形をとっていますが、本来はイスラエルの民がこれを守ることによって、神への信頼を深め、また同じ民族としての絆を強くするための喜ばしい掟です。実際、イスラエル民族はこの十戒をはじめとする数多くの項目の律法を守ることによって、自分たちと他民族との区別を明確にし、同一民族である意識を非常に強めたのです。

COLUMN

レビ記、民数記、申命記　聖書を最初から通読していてレビ記に入ったとたんに内容的に退屈するとよく言われます。確かにレビ記には私たちの生活とはかけ離れた細かい決まりごとばかりが記されています。レビ記は古代から「祭司の手引書」と呼ばれていました。この書には献げ物をささげ

る儀式についての詳しい歴史的資料が記録されています。神と民とをつなぐ重要な役割を担い続けるための決まりは、礼拝を守る祭司にとっては厳守すべきこだわりであったのでしょう。

　続く民数記はその題名からも察せられますが、数字がたくさん出てきます。この書もカタカナの単位や数字ばかりで内容的に退屈するとよく言われます。そのような歴史的資料とともに、イスラエルの民が約束の地カナンをめざして、荒れ野を旅し、最後には自由を得る姿を描いています。

　モーセ五書の最後であり、締めくくりでもある申命記はとても重要な書物です。そしてイエスがよく引用した書物でもあります。申命記には約束の地に入ろうとしているイスラエルの民に対してモーセが語った言葉が記されています。モーセは、それまで神がイスラエルの民をエジプトから解放し、律法を授け、約束の地に至るまで守ってくれたことを振り返ります。そして、民が神との約束を守るならば、これからも神は守り続けてくれるという将来の希望を語り、後継者ヨシュアに民をゆだねます。

ユダヤ教の成人式バルミツバの様子：額の小箱に出エジプト記や申命記の一節を記した紙片、つぼの中には聖書が収められています。

13
荒れ野の放浪
（出エジプト記 25：1 以下）

厳しい生活と集団の成長

シナイ山で十戒を授けられたイスラエルの人々は、十戒を刻んだ石の板を入れる木製の箱「主の契約の箱」（民数記10：33）を先頭にしてシナイの荒れ野を後にし、再び旅を始めました。相変わらず自然は厳しく、食糧難、水不足が彼らの生命を脅かし、行く先々で他の民族が行く手を阻みました。

そのような生活を送る中で、イスラエルの人々はそれぞれが分担された役割を果たし、ルールとして定めた律法を守り、宿営場所では幕屋とあわせて神に献げ物をささげる至聖所やその付属施設をつくり、神への儀式を行いながら、次第に人数も増え、部族の連合体として堅固な集団に成長していきました。イスラエルの人々はシナイの荒れ野からパランの荒れ野を移動し続けたり、カデシュに滞在したりしながら、長い荒れ野の旅を続けました。

後継者の任命とモーセの死

モーセは神の確かな導きのもとで人々を率い、やがてピスガ山の頂に到着しました。神はモーセに、ヨルダン川の向こうに広がるカナンのすべてを見渡せる場所を用意しました。それはかつて神がイスラエルの人々に与えると誓った「約束の地」でした。モーセ

イスラエルの荒れ野

は自分の死が近づいたことを神から知らされたので、神に自分の後継者を任命してくれるよう頼みます。そこで神は、荒れ野の旅を通してたくましく成長した若者、「霊(れい)に満たされた人ヌンの子」（民数記27：18）であるヨシュア（「主は救い」の意味）を後継者として示しました。モーセは神から命じられた通りにヨシュアを自分の後継者として任命しました。

　モーセは120歳で亡くなり、モアブの谷に葬られました（申命記34：5-7）。約束の地を見ることはできましたが、そこに入ることは許されなかったのです。イスラエル民族には、モーセ以降、彼のように神と顔と顔を合わせて語り合う預言者(よげんしゃ)は、再び現れませんでした。

[Q]uestion

モーセはなぜ約束の地であるカナンを見るだけで、入ることができなかったのか考えてみましょう。

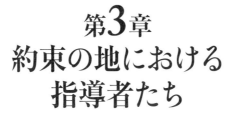

第3章
約束の地における
指導者たち

14
カナン定着とヨシュア
（ヨシュア記 1：1-6：27、8：1-14：15）

エリコを攻め落とす　モーセの後を継いだヨシュアは、神に従い、戦いを恐れない勇ましい人物でした。エジプトを出発して40年もの歳月が流れたとき、ヨシュアはヨルダン川を渡り、カナンに攻め入ることを決意しました。当時のカナンは、カナン人が住み、オリーブやぶどうなどの農作物が実る恵まれた土地が広がっていました。ヨシュアはまず、カナンの町であるエリコに向かいます。

　エリコは外敵を寄せつけないように堅固な城壁に囲まれて、攻め落とすことはほとんど不可能に見えました。しかしヨシュアは神に言われた通り、7人の祭司に「主の箱」をかつがせ、ヨルダン川を渡り、7日の間エリコの城壁の周囲を行進しました。すると、城壁は音を立てて崩れ落ち、イスラエルの民はエリコの町に突入することができました。

約束の地への定住　ヨシュアはエリコに続いて、アイ、ギルガルの町に次々と攻め入りました。さらにギブオン、カデシュ・バルネア、ガザという広範囲の町へ攻めて行き、領土としました。

　ヨシュアは自分が獲得した領土を神から与えられた土地として、

イスラエルの各部族に分け与えました。こうして神が約束していた地カナンにイスラエルの民は定住していきました。

COLUMN

旧約聖書における戦争と平和　旧約聖書には数えきれないほどの血なまぐさい殺人や争い、戦争の記述が登場します。旧約聖書の記述を現代的な価値観で読んでいくと、どうしても理解できないところがあるのは当然です。「聖なる」書物のはずであるのになぜ、と疑問を抱く人は少なくないでしょう。どうして「きれいごと」だけではないのか、そこにこそ聖書が伝えようとする根幹があると言えます。

　まず、旧約聖書と一言で言っても、それぞれの書物が成立した時代や背景は実にさまざまです。多くの戦争が弱い立場の人々の幸せのために起こされているのではないことを私たちは歴史から学びます。弱者は常に犠牲になるのが戦争です。

　旧約聖書を読むとき、共通して知っておかなければならない点があります。それは、旧約聖書に描かれている戦争は、権力者の私利私欲や国家による植民地支配の拡大などという目的で行われているのではなく、人間が神との関係を見失い、聖書が告げる神以外のものをイスラエルに持ち込んで礼拝することによって起こっているということです。

　平和はヘブライ語でシャロームと表されます。シャロームとは、人間が神の意志にかなった生活を送り、完全な状態であることを意味しています。人間が神との関係を正しいものとしていくことで与えられるものが平和であり、神から与えられる平和を祈り求める生活を人間はめざすべきであると聖書は告げているのです。その意味で、平和とは単に戦争がない状態、物質的に豊かな生活のことを言っているのではないのです。

15
士師が活躍した時代

士師とは　ヨシュアの働きによって、イスラエルの民は約束の地カナンに定着することができました。ところがヨシュアの死後、イスラエルの民は指導者を失いました。その上、カナンの地の周囲にはさまざまな宗教を信じる民族が暮らし、カナンの領土を狙っていました。また、カナンの地を追われた人々も領土を取り戻そうとしていました。そのように絶えず脅威にさらされていたイスラエルの民は、戦いを繰り広げていくことになります。

また、安住の地で農耕を中心に生活するようになったイスラエルの民は、もともとカナンの地に根づいていた農耕の神であるバアルやアシュトレトを拝むようになっていきます。人々がバアルやアシュトレトの神への信仰に引きずられないようにするために、イスラエルは12部族の宗教連合をつくり、国としてのつながりを強めていきました。それはB.C.1235〜1020年の約200年間のことで、この時代に士師が活躍しました。士師という語には「裁く者」という意味があります。

士師記には12人の士師たちが登場します。大士師と呼ばれるオトニエル、エフド、デボラ（バラク）、ギデオン、エフタ、サムソンと、小士師と呼ばれるシャムガル、トラ、ヤイル、イブツ

ァン、エロン、アブドンがいました。士師は神の声を聞き、神に
よる力に満たされて、周囲の敵と戦う指導者でした。また、部族
間の争いを調停することもありました。有名な士師について取り
上げてみましょう。

唯一の女性士師デボラ　12人の士師たちの中で唯一女性の士
師がデボラ（「みつばち」の意味）で
す（士師記4：1-5：31）。彼女は預言者でもありました。デボラはエ
フライム山地のラマとベテルの間の地で、争いごとの相談を求め
てくる人々を迎えていました。

デボラ（ギュスターヴ・ドレ、19世紀）

あるとき、鉄の戦車を900両持つカナン人の軍勢を破るために、バラクという人物に命令して、イスラエルの人々1万人をタボル山に集めました。カナン人の将軍シセラは戦車900両と大軍を率いてやって来ましたが、戦いが始まると同時に大雨が降り、川があふれ、泥の海となり、戦車は動けなくなってしまいました。その結果、頼りにしていた戦車が使えなくなったカナン軍は敗れました。

士師記5章には、戦いの勝利を描いた「デボラの歌」が記されています。この歌は聖書の中に記されている最も古い詩と考えられています。

知略を用いたギデオン

B.C.11世紀ごろ、ミデヤン人やアマレク人がイスラエルに攻め寄って来ました。そのころギデオン（「投げ倒す者」の意味）のところに主の使いが現れて、ミデヤン人との戦いを命じました（士師記6：1-7：25）。

ギデオンは戦いのために集まった1万人を水辺に連れて行き、敵陣を前にして、犬のように舌で水を飲んだ者を帰らせ、手で水をすくって飲んだ300人だけを残しました。そして100人ずつの3つの小隊に分けて、全員に角笛と空の水がめを持たせ、水がめの中に松明を入れさせ、真夜中に敵の陣営を包囲しました。そこで、一斉に角笛を吹かせ、持っていた水がめを砕かせ、松明をかざして「主のため、ギデオンのための剣」（士師記7：20）と叫ばせました。敵の大軍が夜襲してきたと勘違いしたミデヤン人は、いたるところで同士討ちを始め、逃走しました。

ギデオン（アヴィニョン派、1490年ごろ）

　その後イスラエルは40年間にわたって平和な時が続きました。
しかし、ギデオンが死ぬとイスラエルの人々は神の恵みを忘れ、
再びカナン人の神であるバアルを信仰するようになっていきました。

バアル　バアルは、嵐（あらし）と雨の神で、アシュトレトとともにパレスチナのさまざまな地域で礼拝されていました。もともとは「主」「所有者」を意味する語でした。列王記上の中に預言者エリヤがバアルの預言者と戦い、神の力をもってバアルの預言者を打ち破ったことが記されています。士師記では、バアルの祭壇（さいだん）を破壊した士師ギデオンは、エルバアル（「バアルが争う」の意味）と呼ばれています。

怪力の持ち主サムソン

イスラエル最後の士師と言われるサムソン（「小さな太陽」の意味）の生涯は波乱に満ちていました（士師記13：1-16：31）。カナンの地中海沿岸はペリシテ人が占領し、イスラエルを脅かすようになっていました。ペリシテ人はB.C.12世紀前半にクレタ島から移り住んだ

サムソンとデリラ（ヴァン・ダイク、1618〜1620年）

と言われ、鉄器の文化を築き、強力な軍事同盟を結んで、イスラエルに圧力をかけていました。

　神に特別に選ばれていたナジル人（びと）のサムソンは怪力の持ち主で、その力の秘密は髪を切らないということにありました。あるとき、サムソンはデリラ（「弱くする」の意味）という女性を愛するようになりました。しかし、ペリシテ人であり、ペリシテ人の支配者に協力していたデリラは、サムソンをだまして、彼が寝ている間に人を呼んで髪の毛をそり落とします。髪をなくし力を失ったサムソンは、ペリシテ人に捕えられてしまいます。そして、ガザに連れて行かれ、牢屋（ろうや）で粉をひかせられました。

　ペリシテ人たちはサムソンが捕えられたことを祝い、彼を牢屋からダゴンの神殿に呼び出し、見せ物にしました。そのとき、サムソンはもう一度だけ自分に力を与えてくださいと神に祈りました。そして、彼が神殿の建物を支えている真ん中の2本の柱に手をかけて力を込めると、建物は崩れ、そこに集まっていたペリシテ人の上に落ち、多くのペリシテ人とともにサムソン自身も息絶えました。

Ｑuestion

①ここに挙げていない士師について調べてみましょう。

②今日のパレスチナ（ペリシテ人の地）の地名の由来について調べてみましょう。

16
サムエルと
イスラエルの初代の王サウル

神に聞き従う預言者サムエル

イスラエル王国の成立から滅亡までの出来事の中で、数多くの預言者と呼ばれる人たちが活躍します。預言者は神の意志によって起こる出来事や神の裁きや救いについて、神の名によって人々に向かって力強く語りかけました。預言者たちの言葉は時代を動かし、不安の中にある人々の大きな支えとなりました。

旧約聖書で最初に登場する預言者はサムエル（「その名は神」の意味）です（サムエル記上1：1-8：22）。サムエルは祭司エリから祝福を受けたエルカナとハンナの夫婦の間に生まれました。サムエルが少年になったある晩、眠っているときに3度にわたって「サムエル、サムエル」という神からの呼びかけを聞きます。サムエルは「お話しください。僕は聞いております」（サムエル記上3：10）と答えました。そして、エリの息子たちの悪行によってエリの家が滅亡するという神から告げられた預言をエリに伝えました。成長したサムエルはすべてのイスラエルの人々に「信頼するに足る主の預言者」（サムエル記上3：20）であると認められるようになりました。何よりもまず、神からの言葉を聞く預言者の姿をサムエルに見ることができます。

サムエルの時代、イスラエルは隣国のペリシテに対して戦いを

サムエル（クロード・ヴィニョン、17世紀）

繰り広げました。しかし、イスラエル軍は戦いに敗れ、4,000人
もの兵士が死んでしまいます。そこで、シロに置かれていた主の
箱を戦場に移動させれば戦いに勝てるとイスラエル軍は考えまし
た。ところが、再びイスラエル軍はペリシテ軍に打ち負かされ、
主の箱は奪われた上、エリも死んでしまいます。

　主の箱を奪ったペリシテ人は、アシュドドにあるダゴンの神殿
にその箱を運びましたが、ダゴンの像が倒れ、崩れたため、恐れ

たペリシテ人は箱をガトへ移動させました。するとガトの住民の間に腫(は)れ物(もの)が広がり、箱はさらにエクロンに移されました。エクロンの住民にも腫れ物が広がり、町の人々は死の恐怖に包まれたため、7か月の間、ペリシテの地を転々とした箱は、最終的にイスラエルに送り返されることになりました。

　主の箱が戻って20年がたったころ、サムエルは異教の神バアルとアシュトレトを退け、主(しゅ)なる神に仕えるように人々に告げました。サムエルがイスラエルの人々をミツパに集め、神に祈ると、攻めてきたペリシテ軍の上に激しい雷鳴がとどろき、ペリシテ軍は打ち負かされました。

　年老いたサムエルは2人の息子ヨエルとアビヤにイスラエルの裁きを行わせました。ところがこの2人は不正な利益を得て裁きを行ったために、イスラエルの長老(ちょうろう)たちはサムエルに「我々を裁く王を立ててください」(サムエル記上8：5)と申し入れます。サムエルは王を立てることで王が権力をふるい、人々を苦しめる結果になることを示しました。しかし、人々はサムエルの声に聞き従おうとはせず、王を求めました。神から「民(たみ)の声を聞き入れ、彼らの王を立てなさい」(サムエル記上8：22)と言われたので、やむなくサムエルは王を立てました。

イスラエルの初代の王サウル

神はベニヤミン族の中の1人の勇敢な青年サウルを選び、サムエルはサウル(「貸し出した」の意味)の頭に油を注ぎ、彼を王に任命しました(サムエル記上9：1-31：13)。

　サウルはすべての民の中で最も容姿が美しく、背が高かったと

言います。アンモン人がヨルダン川東岸の町ヤベシュを包囲した
とき、サウルはイスラエル全土から戦士を呼び寄せ、ヨルダン川
を渡り、アンモン人の陣営を破り、ヤベシュを取り戻しました。
サムエルは民に「さあギルガルに行こう。そこで王国を興そう」
（サムエル記上11：14）と言って、すべての民をギルガルに集め、サ
ウルを王に任命し、指導者としました。

　サウルは即位して1年でイスラエル全域の王として認められる
ようになり、2年がたったとき、ペリシテ人に戦いを挑みました。
彼は3,000人の戦士を選び、訓練をして配置し、戦いに勝利しま
した。このとき、サウルと彼の息子のヨナタンだけは剣や槍とい
う鉄の武器を持っていたために活躍することができました。

　もともとは謙虚なサウルでしたが、戦いを重ねるうちに、次第
に傲慢になっていきました。サウルがアマレク人と戦ったとき、
神の命令に背いて、自分のための碑を建てます。そのことを知っ
たサムエルに、「私はサウルを王に立てたことを悔やむ」（サムエ
ル記上15：11）との神の言葉が告げられました。

　神はサムエルをベツレヘムに住むエッサイのもとに遣わし、そ
の息子たちの中から新しい王となるべき者を見いだすように命じ
ました。サムエルはまず、長男のエリアブこそが王となるべきだ
と思いました。しかし、神は「容姿や背丈に捕らわれてはならな
い。私は彼を退ける。私は人が見るようには見ないからだ。人は
目に映るところを見るが、私は心を見る」（サムエル記上16：7）と
言いました。そして、羊の番をしていた末の子ダビデ（「司令官」
「英雄」の意味）が油を注がれることになりました。

17
偉大な英雄王ダビデ
（サムエル記下 1：1- 列王記上 2：11）

サウルの敵意　ペリシテ人が再び攻めてきたとき、ダビデはペリシテ軍の戦士ゴリアトとの一騎打ちの勝負に臨みました。ゴリアトの背丈は約2.9メートル近くもあり、青銅の兜、重さ約57キロの青銅のうろことじの鎧、青銅のすね当てを身に着け、青銅の槍を背負っていました。ダビデは5つの石を羊飼いの投石袋に入れ、石投げひもを手にしてゴリアトに向かい、彼の額に石を命中させ、打ち倒しました。

　ダビデの手柄がサウルに伝わり、サウルはダビデを戦士の長に任命しました。サウルは出陣するたびに勝利を収めたため、町では「サウルは千を討ち、ダビデは万を討った」（サムエル記上18：7）と歌われるようになりました。この歌を聞いたサウルは激怒し、ダビデに敵意を抱くようになっていきました。ダビデは得意な琴を弾くことによって、悪霊に苦しめられているサウルを慰めていましたが、時がたつにつれ、逆にサウルはダビデに逆恨みして槍を投げつけることもありました。

　一方、サウルの息子ヨナタン（「主は子を授けた」の意味）は、自分自身のようにダビデを愛し、父親のサウルからダビデを守り通しました。サウルの嫉妬心を恐れ、逃亡していたダビデは、住む場所を転々と変え、ついにペリシテの地のガトに行き、ガトの

ダビデを襲うサウル（グエルチーノ、1646年）

王アキシュのもとに身を寄せました。

　そのころ、ペリシテ軍の侵攻に恐れを抱いていたサウルは神に
助けを求め、すでに世を去っていたサムエルの霊を呼び起こして
もらい、戦いのゆくえを聞きます。しかし、サムエルの霊は「主
はイスラエルの軍隊をペリシテ人の手に渡される」（サムエル記上
28：19）と告げ、サウルは自分がすでに神に見放されていること
を知るだけでした。

　ペリシテ軍とイスラエル軍との戦いが始まり、ペリシテ軍はイ

スラエル軍を圧倒し、ギルボア山上でイスラエルの戦士たちの多くは倒れました。ヨナタンをはじめサウルの息子たちも戦死しました。深い傷を負ったサウルは剣を取り、その上に身を投じて死にました。

全イスラエルを支配する

サウルの戦死を知ったダビデはイスラエルに帰りました。ダビデはヘブロンに行き、南のユダ王国の王となりました。また、サウル軍の司令官アブネルはサウルの息子イシュ・ボシェト（「恥の人」の意味）をイスラエルの王として立てました。そのような中、ダビデは次第に勢力を増し、イシュ・ボシェトが殺されると、内乱を鎮圧します。そして、ダビデはイスラエルの全部族から出てきた長老たちの前で契約を結び、長老たちに油を注がれて、すべてのイスラエルを支配する王となりました。

　ダビデは首都をエルサレムに定め、主の箱をエルサレムに迎えました。イスラエル12部族の宗教連合を基盤とする新しい王国の支配者となるために、12部族の象徴である主の箱を迎え入れたのでした。

息子たちの反逆

周辺の地域への遠征でイスラエルのすべての軍隊が戦場に出かけていたある日の夕暮れに、ダビデは王宮の屋上から美しい女性が水浴びをしているのを目にしました。ダビデは人をやって彼女のことを尋ねさせ、ウリヤの妻バト・シェバであることを知りました。そのことを知りながら、ダビデはバト・シェバに子を宿させます。そして、結果的にバ

ト・シェバの夫であるウリヤを戦死させたダビデはバト・シェバを妻とし、彼女は男の子を産みました。しかし、生まれてきた子は7日目に死んでしまいました。この出来事は神の心にかなうものではなかったのです。

それから後、バト・シェバは男の子を産み、ダビデはその子をソロモンと名づけました。そして、ダビデにはさらなる神の裁きが下ります。それは息子のアブシャロムによる反逆です。

アブシャロムは、妹タマルに不道徳な行いをなした異母兄弟のアムノンに復讐するために彼を殺した上、そのことを見過ごしていた父ダビデに反逆しました。アブシャロムは父の顧問アヒトフェルを呼び、作戦を練って、父を倒すためヘブロンで兵を挙げ、エルサレムへ攻め込みました。いったんダビデはエルサレムの王宮から脱出し、アブシャロムがエルサレムを占領しますが、エルサレム近郊でダビデ軍とアブシャロム軍が激突し、結果的にアブシャロム軍が敗北しました。アブシャロムは、らばに乗って逃げる途中で髪をテレビンの木の枝にひっかけて宙づりになったところを殺されてしまいました。

アブシャロムの死後、司令官ヨアブと祭司エブヤタルは、ダビデの子の1人のアドニヤに王位を継承させようとしました。アドニヤ自身も自分が王であると公言するようになりました。しかし、預言者ナタンと祭司ツァドクたちは、ソロモンを支持し、ソロモンが次の王になることをダビデに承諾させました。

ダビデはヘブロンで7年間、エルサレムで33年間、合わせて40年間、王として在位し、イスラエル民族の夢であった全土統一を実現した偉大な英雄王でした。

18
栄華を極めた王ソロモン
（列王記上 2：12-11：42）

王国の繁栄　イスラエル統一王国の第3代の王には、ダビデとバト・シェバとの間に生まれたソロモン（「主が彼の幸福を守るように」の意味）が就きました。ソロモンは、まず王位継承に未練を持つ兄のアドニヤを抹殺し、続いてダビデの時代の軍の責任者であったヨアブやその支持者も殺してしまいます。そして、軍司令官にはベナヤを任命しました。さらに、ソロモンは政治体制を整えていきました。ソロモンはイスラエル民族を構成している各部族の力を弱めるために、部族の古い境界を改め、新たに12の地方に分けて、地方ごとに知事を任命しました。こうしてイスラエル民族の部族連合の伝統は事実上なくなり、新しい王国に吸収されていきました。

　ソロモンはイスラエルを支配し、その権力をもって人々に強制労働と重税を課し、神殿や宮殿の建設に取りかかりました。そして神殿のために7年、宮殿のために13年かけて美しい建物を建てました。このためにフェニキア人のティルスのヒラム王はたくさんのレバノンの木材をソロモンのもとに送り、ソロモンもヒラムのもとに小麦やオリーブ油を送りました。このほかソロモンは、遠洋航海の船団を現在のアフリカ大陸のオフィルやタルシシュの地に行かせ、広範囲の貿易を行い、白檀などの珍しい物資をイス

エルサレムの城壁：ソロモンの時代にエルサレムの最初の城壁が築かれたと考えられています。

ラエルにもたらしました。周辺の多くの国々と平和的な関係を築きながらも王国に繁栄をもたらすことになりました。

Question

ソロモンが行った貿易について、相手国や品物を調べてみましょう。

知恵の王　　ある日、ソロモンが祈っていたとき、神は彼に「願い事があれば、言いなさい」（列王記上3：5）と告げました。ソロモンは神に、善と悪とをわきまえることができるよ

うに「聞き分ける心」を求めました。このことは神を喜ばせ、神はソロモンに「知恵に満ちた聡明な心」（列王記上3：12）を与えました。ソロモンの賢明さを表す話として、2人の母親が赤ん坊の取り合いをした裁きの話（列王記上3：16-27）や、シェバの女王がソロモンを来訪した話（列王記上10：1-13）があります。

　2人の女性がソロモンのところにやって来ます。それぞれの赤ん坊のうち1人が事故で死んでしまい、生きている赤ん坊を2人の母親が自分の子だと言い争います。ソロモンは2人の母親に「剣(つるぎ)を持って来なさい」と命じ、「生きている子どもを二つに切り分けなさい。半分を一人に、もう半分をもう一人にやりなさい」と告げました。すると1人の母親が「王様、お願いでございます。生きているその子は、その女にあげてください。決してその子を殺さないでください」と答えます。もう1人の母親は「切り分けてください」と言いました。その言葉を聞いたソロモンは子を哀れに思い、殺さないでほしいと願った女性が実の母親だと宣言したという話です。

　シェバの女王の来訪の話は、ソロモンの名声を聞いて、難問をもって彼を試そうとしてやって来た女王に対して、ソロモンがそのすべてに答えたという話です。このとき、シェバの女王は4トン以上もの金や多くの香料をソロモンに贈りました。

　ソロモンは知恵の王とも呼ばれ、旧約聖書の中のコヘレトの言葉、箴言、雅歌の作者と考えられ、知恵文学(ちえぶんがく)を外国から取り入れたとされています。

ソロモンへの不満

しかし、ソロモンはその賢明さにもかかわらず、イスラエルの伝統を壊し、平等であった人間関係を崩していきました。そのことが人々の不満や反感を買い、その後、王国が分裂していく結果を招くことになりました。また、ソロモンが外交関係にあった国々から700人もの妻を迎えたり、外国人であるエジプトの王女を王妃に迎えたりしたことは、神の目にかなうものではありませんでした。

その意味でソロモン王の栄華は、わずかな期間の物質的な栄華にすぎず、イエスが「栄華を極めたソロモンでさえ、この花の一つほどにも着飾ってはいなかった」（マタイによる福音書6：29）と言った言葉通りでした。

Question

旧約聖書の中のソロモンが書いたとされる作品を探してみましょう。

COLUMN

イエスが引用した旧約聖書の言葉　イエスが弟子たちをはじめ、人々に話す中で引用した旧約聖書の言葉は、新約聖書の4つの福音書に93回記されています。マタイに48回、マルコに21回、ルカに19回、ヨハネに5回です。全体の半数以上がマタイによる福音書に集中しているのが特徴的です。

書物ごとの引用回数の上位を見てみると、①詩編18回、②申命記17回、③出エジプト記13回、④イザヤ書12回、⑤創世記9回となっています。旧約聖書39巻中、イエスが引用したのは13巻です。

4つの福音書すべてにイエスが引用しているのは詩編とイザヤ書の2つです。特に、詩編からの引用はイエスの受難と十字架の場面に集中しています。

19
イスラエル王国、
ユダ王国の分裂と預言者

王国の分裂と権力争い ソロモンがB.C.926年に死んだ後、その息子のレハブアム（「民を増し加える者」の意味）が次の王となりました。イスラエル全体の王を選ぶための集まりがシェケムで開かれるというので、レハブアムもシェケムに向かいました。ソロモンの死後、争いが起こり、王国は混乱した状態にありました。そこで、レハブアムが統一した王国の王になるためには、北側の地域に暮らす人々の同意が必要でした。

　一方、神は預言者アヒヤ（「主は兄弟」の意味）を若い労役の監督ヤロブアム（「民は増し加わる」の意味）のもとに遣わし、王国を分裂させて10の部族をヤロブアムに与えることを約束しました。これを聞いたソロモンはヤロブアムを殺そうとしましたが、ヤロブアムはソロモンが死ぬまでエジプト王シシャクのもとに亡命していました。

　ヤロブアムはエジプトから帰ってきて、ソロモンが課していた過酷な強制労働を軽くしてもらえるならば、レハブアムに仕えるという条件を出しました。しかし、レハブアムはそれを受け入れず、ヤロブアムに厳しい答えを与えました。その結果、人々はヤロブアムを王として立て、ユダ族とベニヤミン族を除いた10部

族がヤロブアムに従いました。

　ヤロブアムは北のイスラエル王国で初代の王となり、22年間在位しました。ヤロブアムは金の子牛を2体つくり、「これがあなたをエジプトの地から導き上った神々である」（列王記上12：28）と言って、1体をベテルに、もう1体をダンに置きました。こうしてヤロブアムは偶像を礼拝するという罪を犯しました。

　ヤロブアムの息子のナダブ（「寛大」の意味）が第2代の王となって2年たったとき、バシャが反逆を起こし、ナダブを殺して、ヤロブアムの家に属する者をすべて滅ぼしました。バシャは24年間王位にあり、バシャの息子のエラ（「樫の木」の意味）は王になって2年目に家臣のジムリ（「かもしか」の意味）に殺されました。ジムリが王位を奪って7日目に、イスラエルの軍の司令官オムリ（「主の礼拝者」の意味）がジムリを滅ぼして王となり、12年間在位しました。オムリの死後、その息子のアハブ（「父の兄弟」の意味）が22年間王として治めました。アハブはバアルの神を信仰し、サマリアにバアルの神殿を建て、その中にバアルの祭壇を築き、神の怒りを招きました。列王記によると、イスラエル王国では約200年間、19代にわたって王が交代しています。

　南のユダ王国では、初代の王レハブアムがエルサレムで7年間、王位に就きました。レハブアムの治世第5年にエジプトの王シシャクがエルサレムを攻め、ソロモンがつくった500枚の金の盾などの神殿と王宮の宝物をすべて奪いました。レハブアムの死後、その息子のアビヤム（「主は私の父である」の意味）が3年間、アビヤムが死ぬとその息子アサ（「与える」の意味）が41年間、王位に就きました。列王記によると、南のユダ王国では約350年

間、20代にわたって王が交代しています。このように王国が南北に分断されていた時代には、異教への礼拝や権力争いが絶えず繰り返されました。

バアルの預言者と戦ったエリヤ

このような混乱した時代にイスラエル王国で活躍した預言者にエリヤ（「主は神である」の意味）がいます（列王記上17：1-列王記下2：18）。彼はイスラエル民族に神との約束を思い出させ、民族が滅びることがないように警告しました。

　エリヤは、カルメル山でバアルの神を信仰するバアルの預言者たち450人と対決し、勝利しました。しかし、その後、バアルの神を信仰していたアハブ王の妻イゼベルは、エリヤに使者を送り、エリヤを殺すと告げました。エリヤは逃げ、40日40夜歩き続けて神の山ホレブに着き、ほら穴に入りました。彼が祈っていると、激しい風と地震と火が起こりました。そして「かすかにささやく声」（列王記上19：12）を聞き、神からの啓示を受けました。

　あるとき、ナボトのぶどう畑で事件が起こります。アハブは自分の菜園を広げるために、信仰のあついイスラエルの自由農民ナボトのぶどう畑を買い取ろうとしました。しかし、土地は神から与えられたものであり、律法で売買することが禁じられているので、ナボトはアハブの申し出を断りました。そこでイゼベルは、偽りの証人を立て、ナボトに罪を着せて処刑し、彼のぶどう畑をアハブのものにしました。エリヤは厳しくアハブを責め、アハブ王家の滅亡とイゼベルの悲惨な最期を預言し、その預言は現実のものとなりました。

数多くの奇跡を行ったエリシャ

エリヤの弟子でその後継者となったのは預言者エリシャ（「神は救いである」の意味）です（列王記上19：19-列王記下8：6）。

エリシャは経済的にも豊かな農民の子として生まれました。エリシャが行ったさまざまな奇跡が列王記には記されています。たとえば、悪い水が清い水になった奇跡（列王記下2：19-22）、空っぽの器に油が満たされる奇跡（列王記下4：1-7）、死んだ子を生き返らせる物語（列王記下4：25-37）、パン20個で100人が食べきれずに残した奇跡（列王記下4：42-44）、規定の病にかかった軍司令官ナアマンを癒やす奇跡（列王記下5：1-27）などです。エリシャはイエフ王を指導してアハブ王を倒し、イスラエルからバアル宗教を一掃しました。

火の戦車で天に上げられるエリヤと、それを見守るエリシャ（フランドル派、16世紀）

Question

エリシャが行った奇跡（列王記下2：19-25、4：1-44など）とイエスが行った奇跡（4つの福音書）の類似点を見つけてみましょう。

20
イスラエル王国の滅亡と預言者

第3章 約束の地における指導者たち

神の正義を訴えたアモス イスラエル王国のヤロブアム王2世の時代のB.C.760年ごろ、ユダのテコア出身のアモス（「重荷を負う者」の意味）が活躍しました（アモス書1 : 1-9 : 15）。彼は貧しい農家に生まれ、いちじく桑を栽培し、家畜の群れを追う牧者となり、神から召命を受け預言者となりました。そして彼は、経済的に栄え、貧富の差が広がり、社会に不正がはびこるイスラエル王国のベテルに行って預言するように神に命じられます。彼はベテルで「公正を水のように、正義を大河のように、尽きることなく流れさせよ」（アモス書5 : 24）と、神の正義の実現を訴えました。そして、アモスの預言は十数年後、現実となり、イスラエル王国はアッシリアによって滅ぼされることになりました。

神の愛を説いたホセア アモスと同じ時代、ヤロブアム王2世の時代のB.C.750〜725年、イスラエル王国出身のホセア（「救い」の意味）が活躍しました（ホセア書1 : 1-14 : 10）。ホセアは家庭生活においてとても悲劇的な出来事を体験します。ホセアは、自分を裏切って、他の男性との間に2人の子を産んだ妻ゴメルを受け入れ、2人の子を自分の子として育

084

てました。

　この個人的な体験を通して、ホセアは何度も裏切るイスラエル
の民を赦し、見捨てることがない神の愛を知り、その変わること
のない神の愛を説く預言者となりました。

**　神による平和を告げたイザヤ**　南のユダ王国に登場した最初の
預言者はイザヤ（「主は救い」
の意味）です（イザヤ書1 : 1-39 : 8）。ホセアと同じ時代、B.C.8世
紀の後半に活躍し、旧約聖書で最も偉大な預言者の1人と言われ
ています。彼は貴族の家庭の出身で、B.C.740年、ウジヤ王が死
んだ年に神殿で神によって呼び出される体験を持ちました。まだ
20歳代のときでした。イザヤは神の声を聞き、「ここに私がおり
ます。私を遣わしてください」（イザヤ書6 : 8）と応えました。

　イザヤが活躍したのは、強大なアッシリア帝国とエジプトが世
界支配を求めてユダ王国にまで侵略を進めようとしていた時代で
した。ウジヤ、ヨタム、アハズ、ヒズキヤの4代の王たちは、2
つの大きな力を持つ国の間で揺れ動き、2つの強国の力に頼ろう
としていました。そのような中、イザヤは神にのみ信頼して武器
や戦力を頼りにしてはならないことを告げました。そして、平和
は神によって実現することを示しました。有名な預言の言葉があ
ります。「主は国々の間を裁き、多くの民のために判決を下され
る。彼らはその剣を鋤に、その槍を鎌に打ち直す。国は国に向か
って剣を上げず、もはや戦いを学ぶことはない。ヤコブの家よ、
さあ、主の光の中を歩もう。」（イザヤ書2 : 4-5）

　イザヤはイスラエルの民が戦争によって悲惨な結末を迎えるこ

イザヤ（マゾリーノ・ダ・パニカーレ、15世紀）

とを預言し、警告しましたが、民は聞き入れませんでした。しかし彼は、たとえイスラエルが滅んでも「聖なる子孫」が残されると告げました（イザヤ書6：9-13）。そして、イザヤは、いつの日か神から遣わされた王がこの世に生まれて、全世界に永遠の平和を実現すると預言しました。これは「インマヌエルの預言」と呼ばれています。新約におけるイエスの誕生は、イザヤの預言が実現したものであるとキリスト教では信じられています。イザヤはアハズ王やヒズキヤ王の政治に反対したため、殉教したと言われています。

ミカ、ナホム、ゼファニヤ、ハバクク

小さな田舎町出身のミカ（「誰が神のようであろうか」の意味）は、南ユダ王国でB.C.740〜687年の間、ヨタム王、アハズ王、ヒズキヤ王の3代にわたる時代に活躍しました。サマリアとエルサレムにいた神に逆らう人々、特に指導者たちへの神の審判を告げました。そして、その警告は現実となり、

アッシリアによって北のイスラエル王国に続いて、ユダ王国も支配されることになります。しかし、神は裁きを下されるが、新しい指導者が登場し、いつの日かエルサレムに平和が訪れるとの約束を告げています。

　ナホム（「慰め」の意味）の預言は、アッシリアの首都ニネベに集中して向けられています。B.C.722年、アッシリアはイスラエル王国を征服しました。そして、ユダ王国の脅威となっていました。ナホムは神がユダの人々をアッシリアから守り、再び平和な生活を送ることができるようになると預言しています。

　ゼファニヤ（「主は守る」の意味）は、ユダ王国のヒズキヤ王の親族で、当時の政治には明るい人物でした。彼はヨシヤ王の時代（B.C.640〜609年）の初期に活躍し、ユダ王国の指導者たちがバアルなどの偶像を拝み、アッシリアの習慣に従って民を支配していることを嘆き、神に立ち返ることを告げました。そして、将来、神の愛によって民が新たにされる日が来ることを預言しています。

　B.C.600年ごろに活躍したと考えられるハバクク（「抱擁する」の意味）と神との対話がハバクク書には記されています。その書で、神はバビロニアという国を通してユダの民を罰せられるのかと問うています。そしてハバククはユダよりも悪いバビロニアは最後には滅びると預言します。ハバククは、苦しみの中にあっても神を賛美し、信頼することこそが力となることを語りました。

uestion

「インマヌエル」の意味を調べてみましょう。

21
ユダ王国の滅亡と預言者

イザヤと並び立つ預言者エレミヤ

B.C.7世紀からB.C.6世紀にかけて、ユダ王国は隣の大国バビロニアやエジプトによって脅かされていました。そのような国の危機的な時代にエレミヤ（「主は建設する」の意味）は預言者として活躍しました。エレミヤは20歳のとき、ヨシヤ王の治世第13年（B.C.626年）に召命を受けました。エレミヤはイザヤとともに偉大な預言者と見られています。彼は40年間という長い期間、預言者として活動しました。ユダ王国滅亡にも直面し、時代の大きな流れに巻き込まれながらも、危機感を持たない民衆に神の警告を知らせ続けました。そのために迫害を受け、苦難が多い人生を送りました。彼は生涯結婚をしないで、自由な立場で発言し、神の愛を信じ、

エレミヤ（ボニファーチョ・ベンボ、15世紀）

自分の苦しみや弱さを神に告白しました。

　エレミヤの生涯は波乱に富んでいます。彼はもともと穏やかな性格の持ち主であったと考えられますが、神にとらえられたという強い召命感と預言者としての使命感のために、自分で苦難の道を歩んでいきました。そして、ユダ王国の滅亡を預言したため、人々から責められ、彼が語った預言はその時代には受け入れられませんでした。そして、ユダ王国滅亡後はエジプトに連れて行かれ、悲惨な最期を遂げたと伝えられています。しかし、エレミヤが孤独の中で信じた内面的な信仰と祈りは、後に続く預言者によって受け継がれ、新約聖書の時代の信仰の基礎となりました。

ヨシヤ王の宗教改革とエレミヤ

エレミヤが活躍した時代、ユダ王国の王ヨシヤ（「主は癒やす」の意味）は、隣国アッシリアからの独立を願っていました。そのためにB.C.621年、エルサレム神殿で発見された「律法の書」（りっぽう）に基づいて大規模な宗教改革を徹底的に推し進めます。まず第1に、国内のすべての偶像を取り除き、異教的なものを退けました。第2に、町々の聖所（せいじょ）を取り壊し、礼拝はエルサレム神殿のみで行いました。また、ヨシヤ王はダビデ時代の南北統一王国再建を願い、もともとイスラエル王国であった領土のベテルやサマリアもアッシリアから獲得します。

　エレミヤは最初、ヨシヤ王に協力していましたが、アッシリアの属州であるバビロニアが建国されることによって状況は一転します。ヨシヤ王は戦死してしまい、エレミヤは自らの首に軛（くびき）をかけてバビロニアに降伏し、平和を保とうとしますが、預言者ハナ

ンヤはエレミヤの首から軛を外して打ち砕き、「主はこう言われる。私はこのように、二年のうちに、すべての国民の首からバビロンの王ネブカドネツァルの軛を外して打ち砕く」と言いました（エレミヤ書28：12）。エレミヤは黙って立ち去りましたが、ひとりになって祈っているとき、神の言葉を聞きました。そしてエレミヤはハナンヤに言いました。「ハナンヤよ、よく聞け。主はあなたを遣わされていない。あなたは偽ってこの民を安心させようとした。〔中略〕あなたは今年のうちに死ぬ」（エレミヤ書28：15-16）。ハナンヤは2か月後に死んでしまいました。エレミヤは神の自分への語りかけに対する確信から、ハナンヤの預言を偽りだと断言しました。

ユダ王国の滅亡とバビロン捕囚

B.C.597年にアッシリアに代わって生まれたバビロニアのネブカドネツァル王はエルサレムを攻撃し、エルサレムの財宝は奪われ、ユダ王国の王をはじめ指導的な立場の人たちはバビロンへと捕虜として移住させられました（列王記下24：10-25：21）。これをバビロン捕囚と言います。この捕囚は大きく2度にわたって起こりました（B.C.598年、B.C.587～586年）。それから約60年間、イスラエルの主な住民は700～800キロも離れた場所で捕われの身の生活を送ることになります。この捕囚の際、ソロモンが建てたエルサレムの神殿は、すべて破壊されました（B.C.587年）。

　住み慣れた地から離れて暮らすこと、神殿が壊されてしまったこと、これらの苦しく悲しいバビロン捕囚の出来事は、イスラエルの人々にとっては忘れられない記憶となりました。こうしてイスラエル王国に続いて、ユダ王国が滅亡しました。

鎖でつながれネブカドネツァルの前に立つイスラエル人（13世紀）

COLUMN

捕囚　捕囚は、古代オリエントの国々で見られる政策で、戦争で勝った国が敗れた国の指導的な立場の人を自分たちの国に強制的に移住させて、国の利益のために働かせることです。旧約聖書ではアッシリア捕囚とバビロン捕囚が有名です。

　イスラエル王国では、B.C.740年代、アッシリア王ティグラト・ピレセル3世とシャルマナサル5世の時代にイスラエル王国北部が占領され、サルゴン2世とその後継者センナケリブによって、イスラエル王国北部の10部族と、ユダ王国の住民が捕虜としてアッシリアに移住させられました。これがアッシリア捕囚と言われている出来事です。

　バビロニア王ネブカドネツァルにより、B.C.598年より2回にわたってユダ王国の人々がバビロンをはじめとしたバビロニアへ移住させられました。これがバビロン捕囚と言われている出来事です。

22
捕囚時代と
エルサレム復興後の預言者

捕囚の中で活躍したエゼキエル

バビロン捕囚によって連れ去られた人の中にいたエゼキエル（「神が強くする」の意味）は、母国イスラエルを離れて5年後に預言者となりました。B.C.593年、彼は不思議な幻を見ます。4つの翼と、人間、獅子（ライオン）、牛、鷲という4つの顔を持つ生き物の幻に神からの呼びかけを感じ、彼は預言者となりました。もともと祭司であった彼は、捕囚の民と共にバビロンで20年の間、活動しました。

エゼキエルは母国を失って悲しみ、苦しんでいる人々に向かって、最初は神による裁きとしてのユダ王国の滅亡と人々の悔い改めを説いていましたが、B.C.587年にユダ王国が滅亡してからは、慰めと希望を説くように変わっていきました。劇的な生涯を送ったエレミヤとは対照的に、エ

エゼキエル（17世紀）

ゼキエルは不安の中にある民を静かに教え、祭司として儀式も大切にしました。

エゼキエルはあるとき、枯れた骨でいっぱいになっている谷に導かれる幻を見ます（エゼキエル書37：1-14）。神はエゼキエルにその枯れた骨に向かって預言するように命じました。すると、骨と骨が近づき、その骨の上に筋と肉が生じ、それを皮膚が覆いました。続いて、霊（れい）に預言しなさいと神に命じられてその通りに預言すると、霊がその中に入り、彼らは生き返り、自分の足で立ったというものです。

捕囚のため、苦しみと不安の中にあったイスラエルの人々に将来の希望を説いたエゼキエルは、幻を通して示された預言を人々に伝え、後のユダヤ教の成立に大きな影響を与えた預言者となりました。

第二イザヤ

預言者イザヤが記したとされるイザヤ書1～39章に続く40～66章は、イザヤとは別の人物が記したと考えられています。そこでイザヤ書40～55章に登場する預言者は第二イザヤ、56～66章に登場する預言者は第三イザヤと呼ばれています。

第二イザヤはバビロン捕囚の時代の末期、B.C.540年ごろにバビロンで活躍したと考えられています。彼はペルシア王キュロスによってバビロニアの支配は終わり、捕囚に苦しむイスラエルの民は解放されることを預言します。しかし、彼は外国人の支配者であるキュロスによる解放は本当の意味での解放ではなく、将来、人々にとってさらに大きな慰めに満ちた救いが実現すると告げて

います。そして、イスラエルという民族にとっての捕囚の苦しみにはどういう意味があるのかを考えます。彼は苦しみそのものが救いをもたらす意味を持っていることを説いたのです。これが苦難の救い主を預言した「主の僕（しゅ）の僕（しもべ）の歌」です。

　主の僕の歌は、イザヤ書42章1〜4節、49章1〜6節、50章4〜9節、52章13節〜53章12節の4か所に登場します。主の僕は、人々に軽蔑（けいべつ）され、見捨てられますが、彼の苦しみは自分自身のためではなく、人々の罪のためであり、人々に代わって罪を負い、とりなしをしました。この僕が誰を指すのかについてはさまざまな説がありますが、キリスト教会ではこの僕をイエス・キリストと見なしています。このように、旧約聖書に記された預言は、新約聖書に記された救い主イエス・キリストによって実現したと考えられているのです。

キュロス王による解放

B.C.539年、バビロニアはペルシア王キュロス（「太陽」の意味）によって滅ぼされました。キュロスは、それまでの統治者とは違い、征服した民族の伝統を尊重し、宗教の自由を認めました。そして、B.C.538年にバビロン捕囚で捕えられていたユダヤ人にエルサレムへの帰還と神殿再建の許可を与えました（エズラ記1：1-4）。こうして第二イザヤの預言が成就しました。第二イザヤによると、キュロス王はイスラエルを救う神の使者と見なされています。ところが約50年間のバビロンの生活に慣れていたユダヤ人の中には、エルサレムへは帰らず、バビロンにとどまって農業や商業に従事する人たちもいました。

城壁に囲まれたエルサレムの町（18世紀）

ネヘミヤとエズラの活躍

捕囚から解放されてエルサレムに帰還した出来事について詳しく記している書物はエズラ記とネヘミヤ記です。もともとこの2つの書物は1つであったとされています。

ペルシア王アルタクセルクセス1世（在位B.C.465〜425年）に仕えていたネヘミヤ（「主は慰められる」の意味）は、捕囚からの解放に伴って、ユダの総督に任命され、ペルシアの助けを得ながら、壊されたままであったエルサレムの城壁の修復に取り組みました。エズラよりも13年前にエルサレムに戻り、人々を指導していました。

バビロニアに生まれたエズラ（「（神の）助け」の意味）は祭司であり、学者でした。捕囚から解放されたユダヤ人たちをエルサレムへと導きました。人々が異教を信じないようにバビロンから携えてきた律法を守るように徹底的に呼びかけました。エズラはユダヤ教を律法を中心に改革するという重要な働きをなした人物

で、「第二のモーセ」「ユダヤ教の祖」と呼ばれています。ユダヤ教が教団として成立したのは、エズラの働きが大きかったと言われています。このようにネヘミヤとエズラの働きによって、エルサレム神殿が再建され、律法を中心としたユダヤ教が確立されていくことになります。

ハガイ、ゼカリヤ、オバデヤ、マラキ、ヨエル

ハガイ（「祭り」の意味）はB.C.520年に預言し、捕囚から解放されてエルサレムに帰って来た民にとって最初の預言者として活躍します。ユダの人々が自分たちの生活に追われ、神殿を廃墟にしたままで放置し、再建しないことを嘆き、時間がないと警告を発しています。

ゼカリヤ（「主は覚えている」の意味）は、ハガイより2か月遅れて預言を始め、神殿を再建するための励（はげ）ましを8つの幻を通して語っています。そして、将来、最後には神が民を助けるという希望を告げています。ハガイとゼカリヤは預言によって民を激励しながら、神殿を再建するために大きな役割を果たしました。

旧約聖書の中で最も短い書物であるオバデヤ書の著者とされるオバデヤ（「主のしもべ」の意味）については詳しくはわかっていませんが、この預言書にはエドム人の傲慢（ごうまん）さへの神の裁きが記されています。

マラキ（「私の使者」の意味）は、裁判の判例のように、神殿再建後のハガイの預言に従わず、神の愛を忘れた民の姿を嘆き、神の使者がやって来ることを告げて、人々に悔い改めを迫っています。

ヨエル（「主は神である」の意味）は、「主の日」にばったの大群が襲い、神の審判が下ることを預言しています。

Question

「預言」と「予言」の違いについて調べてみましょう。

COLUMN

預言者　旧約聖書の中で「預言者」を意味している言葉はいくつかありますが、312回登場するナービーというヘブライ語は「神に選ばれ、神に代わって語る者」という意味があります。つまり、預言者は神の代わりに、神から与えられた言葉を人々に告げる者という役割を与えられました。また、アブラハムやモーセがそうであったように、預言者は将来の事柄について、神から示された幻を人々に告げ、神の意志と計画を人々に伝える役割を担いました。預言者は異教的な儀式を非難して、人々を正しい信仰に導こうとしました。

　最初の預言者はサムエルの時代に登場しますが、南北に王国が分裂して以降、預言者の活動は盛んになっていきます。北のイスラエル王国にはエリヤ、エリシャ、アモス、ホセアたちが登場し、南のユダ王国にはイザヤ、ミカ、エレミヤ、ナホム、ゼファニヤ、ハバククたちが登場します。バビロン捕囚の時代にはエゼキエル、第二イザヤたちが活躍し、捕囚から解放されてからはハガイ、ゼカリヤ、オバデヤ、マラキ、ヨエルたちが活躍しています。

　イザヤ、エレミヤ、エゼキエルは三大預言者と呼ばれています。ホセア、ヨエル、アモス、オバデヤ、ヨナ、ミカ、ナホム、ハバクク、ゼファニヤ、ハガイ、ゼカリヤ、マラキは十二小預言者と呼ばれています。

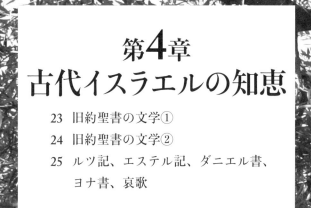

第4章
古代イスラエルの知恵

23
旧約聖書の文学①

ヨブ記　正しく生きている人が何の理由もなくなぜ苦しみを受けるのか。ヨブ記は知恵文学の中でも独特な主題を持っています。物語は主人公のヨブ（「敵」の意味）が3人の友人に自分の苦しみを語る3つの論争やエリフという名の若者からの語りかけ、ヨブと神との対話という内容からなっています。苦難をテーマとして詩の形式によって書かれ、内容も表現も文学としてとても優れています。著者は明らかではありませんが、B.C.4世紀ごろに活躍した知恵文学者の1人だと考えられています。

　ヨブは完全で、正しく、神を畏れ、悪を遠ざけて生きていました。神を信頼し、神に祝福され、多くの子と財産、健康が与えられていました。ところが、サタンが「ヨブが理由なしに神を畏れるでしょうか」（ヨブ記1：9）と神に疑問を投げかけたことがきっかけとなって、ヨブの試練が始まりました。突然、ヨブに次々と不幸や災難がふりかかります。牛やろばの財産が略奪され、羊も羊飼いも焼け死に、嵐によって家は崩壊して息子や娘たちも死んでしまいます。ヨブ自身も全身に悪性の腫れ物ができたため、灰の中に座り、土器のかけらで体中をかきむしらなければなりませんでした。ヨブの妻は「あなたは、まだ完全であり続けるのですか。神を呪って死んでしまいなさい」（ヨブ記2：9）と言いました

ヨブを見舞う妻（ジョルジュ・ド・ラ・トゥール、1650年ごろ）

が、ヨブは決して神を呪わず、「私たちは神から幸いを受けるのだから、災いをも受けようではないか」（ヨブ記2：10）と答えました。

　そこへヨブの親友エリファズ、ビルダド、ツォファルの3人が見舞いに来てヨブを慰めようとしました。しかし、本人と見分けがつかないほどになっているヨブの姿と彼の激しい苦痛を見ると、7日7晩、彼のかたわらに座っていても、3人はヨブに話しかけることができませんでした。

　やがてヨブは3人の親友を前にして自分が生まれてきたことを呪い始めました。彼の最大の苦しみは、なぜ自分がこのような苦しみにあわなければならないのか、という疑問でした。ヨブ記3章でヨブが「なぜ」と問いを繰り返す場面は悲痛です。そこで3人の親友たちが次々とヨブに話しかけますが、彼らはヨブが悪いことをしたから苦しみにあうのではないかという当時の常識的な考えを語るだけで、それを聞いてもヨブは納得することができず、彼の悩みは解決されませんでした。ヨブは必死になって自分の潔白さを神と親友に訴えます。ヨブは一度でも神の存在を否定したり、疑ったりすることはありませんでした。ここにヨブの深い敬虔さがあります。

　最後にエリフという若者が登場します（ヨブ記32-37章）。エリフは3人の親友とは違い、苦しみはヨブへの試練であると説きましたが、ヨブを納得させることはできませんでした。エリフの言葉は続く神の語りかけへの橋渡しとなります。

　最後に神は嵐の中からヨブに語ります。この神の語りかけは、人間の知識では神の知恵を理解することができないという神の神秘性を表しています。ヨブは神が全能であること、神の力が無限

であることを悟ります。それとともに、ヨブ自身が何も知らなかったということに気づき、悔い改めます。神がヨブに現れたこと、そしてヨブが神の答えを直接聞いたこと、それが答えになったのではないでしょうか。ヨブが苦しみの叫びを上げたことに対し、神がヨブに自分を示したことが答えだったのです。

　ヨブ記42章の結びは、ヨブが神に祝福された日々を取り戻し、財産も2倍になったことを記しています。それまでの物語からすると、結びの内容は単純で平凡に思えますが、ヨブが神によって取り戻した家族や財産といった祝福の形以上に、私たちにとって慰めと喜びになるものがあります。それは、人生の悲しみや苦しみを経験することによって得ることのできる、神を信じる力ではないでしょうか。

　詩　編　詩編は神への賛美や神の助け、神への信頼などを表した150編の詩や祈りを集めたものです。悲しみや喜び、疑いや信頼、絶望や希望、怒りや安らぎ、憎しみや赦し、苦しみや慰めなど人間が抱くさまざまな気持ちが込められています。多くはダビデの作品とされています。

　詩編がダビデの時代から捕囚の時代を経て、現在のような形にまとめられたのはB.C.150年ごろだと考えられています。詩編の編集者はモーセ五書にならって1巻（1〜41編）、2巻（42〜72編）、3巻（73〜89編）、4巻（90〜106編）、5巻（107〜150編）と5巻にまとめ、それぞれの巻末に「イスラエルの神、主をたたえよ、いにしえからとこしえまで。アーメン、アーメン」という頌栄と呼ばれている結びが記されています。詩編は古い詩集から編集さ

ダビデ（13世紀）

れたもので、そのなごりが「ダビデの詩」「アサフの詩」「コラの
子の詩」「都に上る歌」などの表題として残り、「ダビデ集」「ア
サフ集」「コラ集」「巡礼歌集」「ハレルヤ集」などの詩集がもと
もと存在したと考えられています。詩編がつくられた年代や内容

から分類すると、「賛美の歌」「嘆きの歌」「感謝の歌」「信頼の歌」「王に関する歌」「知恵文学的な歌」「主の即位の歌」などに分けられます。

　詩編には敵対者から受けた迫害に対する悲しみが多く登場します。そして、詩人は自分を苦しめる敵対者に神の罰が下るようにさえ願い求めています。詩編を読むと、苦しみの中で自分のありのままの感情を表す詩人の姿に出会うことがあるのです。

Question

①ヨブ記に登場する「僕」とイザヤ書に登場する「主の僕の歌」の「僕」を比較してみましょう。

②ヨブ記を読んで、なぜ人生には苦しみがあるのか考えてみましょう。

③詩編の多くが賛美歌に取り入れられています。そのいくつかを調べてみましょう。

④有名な詩編23編を味わってみましょう。

エルサレムの嘆きの壁で祈るユダヤ教徒

24
旧約聖書の文学②

箴　言　箴言には、ことわざ、たとえ、格言、教訓、戒め、神からのお告げなど、生きていく上でのさまざまな教えが記されています。冒頭には著者としてソロモンの名前が出てきますが、すべてをソロモン1人が記したとは考えにくく、ソロモンの死後、300〜400年たったころ、つまりバビロン捕囚から解放された後に、多くの人物の言葉がまとめられて一冊の書物になったと考えられています。「箴言」という日本語の書名は漢訳聖書からとられたもので、「箴」は裁縫や医療に用いられる針のことです。人生に突き刺さる針のようなイメージを表そうとしているのでしょう。

　内容は大きく5つに分けることができます。①1〜9章、全体の主題として「主を畏れることは知識の初め」（箴言1：7）と記され、2行でまとめられた9つの親から子への教えが語られています。②10章〜22章16節、「ソロモンの箴言」という表題で375の賢者の言葉が載せられています。③22章17節〜24章、知恵ある人の言葉として30の教訓が登場します。④25〜29章、「ソロモンの箴言」の第2弾で、ここには比喩や比較の格言が多く出てきます。⑤30〜31章、全体の付録にあたります。31章10節から最後までの箇所は各節の最初の文字がヘブライ語のアルファベッ

格言を口述するソロモン（14世紀ごろ）

トの順で始められています。

　箴言は一般的な人生訓ではなく、神を信じて生きるための教え
です。真の知恵と知識は神を敬い、神に従うことによって得られ
るものであると、特に青少年を教育する目的で用いられていたと
考えられています。だからこそ、青少年が読むと胸に突き刺さる
言葉が多いのでしょう。

コヘレトの言葉　　コヘレトの言葉は「空の空、空の空、一切は
空である」（コヘレトの言葉1：2）という有名な
言葉で始まっています。コヘレトは「召集する者」「集まってい
る者」の意味で、具体的にはすべての民の代表者を召集していた

ソロモンを指しますが、この書の著者はその内容から見て、ソロモンではなく、ソロモンの名を用いた無名の賢者、教師、説教者、哲学者であったと考えられています。

　この書は全体としてことわざや格言、詩などの文学形式を用いて、人生の意味を探求しています。高齢であったと思われるコヘレトが自分の人生を振り返ってみて、感じていることを語ります。社会と人間を見つめた結果として、すべてのものは無常であり、それを「空」という言葉で表現しています。これは聖書の中ではとても特色のある考えだと言えます。しかし、人生は空しいからなげやりに生きるというのではなく、空しいがゆえに神を畏れて生きることの重要性を述べているのです。人間がなすべきことへの責任と人間の知識では推し量ることができない神の知恵を忘れずに謙虚に歩むことへの大切さが繰り返し記されています。

　「神はすべてを時に適って麗しく造り、永遠を人の心に与えた。だが、神の行った業を人は初めから終わりまで見極めることはできない」という人生の「時」（チャンス、機会）について記された3章、「若き日に、あなたの造り主を心に刻め」と勧めている12章は、私たちにとって強い励ましとなることでしょう。

雅歌　　雅歌という書名には、「歌の中の歌」「最上の歌」という意味があります。この書も冒頭で「ソロモンの雅歌」と記されていますが、ソロモン1人が書いたのか、ソロモンのために書かれたのか、ソロモンに関係が深い人物が書いたのか、いずれなのか詳しいことはわかっていません。

　内容はほとんどが情熱的な男女の恋愛の歌です。「おとめ」と

「若者」がお互いを求め合う思いを美しい言葉で表現しています。そのため、結婚式で歌われていた歌を集めたものであったとも考えられています。

雅歌は人間が抱く素朴な喜怒哀楽の感情を記すことで、人間そのものの姿の美しさを描こうとしています。聖書が描く民族の大きな歴史の中で、雅歌は１人の個人の感情に注

ソロモン王（ユストゥス・ファン・ヘント、15世紀）

目するように私たちを導いています。１人の人間がこの世界に生を受け、愛を育み、その生涯をしっかり生き抜くことが、世界の歴史を担うことでもあると私たちに告げているのではないでしょうか。

Question

① 箴言の中から、自分の胸に突き刺さった節を挙げて、感想を記してみましょう。

② コヘレトの言葉３章に記された「時」について、自分の人生の具体的な出来事や瞬間をイメージして読んでみましょう。

③ 雅歌が聖書の中の一巻として加えられているのはなぜなのか、考えたこと、感じたことを自由に話し合ってみましょう。

25
ルツ記、エステル記、ダニエル書、ヨナ書、哀歌

ルツ記　ルツ記は小さな歴史小説と呼ばれ、モアブ人のルツ（「友情」の意味）という心優しい女性の物語が記されています。

　飢饉のため、ベツレヘムから死海の対岸にあるモアブに移り住んだエリメレクとナオミ（「私の楽しみ」の意味）の夫婦には2人の息子がいて、2人ともモアブ人の女性と結婚しました。ところが不幸にもナオミは夫と2人の息子を亡くしてしまい、故郷のベツレヘムに帰る決意をします。そのとき、嫁のルツだけは母のナオミと共にベツレヘムに行きました。そしてルツはエリメレクの親戚のボアズと結婚し、幸せになったという話です。

　ルツはボアズが所有する畑で落ち穂拾いをして暮らしました。ボアズとルツの間に生まれた子オベドの子孫からダビデが生まれます。ルツ記が記されたのはB.C.4世紀ごろとされています。外国人との結婚を禁止する当時の狭い考え方を批判する物語だとも言われています。

エステル記　エステル記はユダヤ教のプリム祭（プリムは「くじ」の意味）のときに朗読され、その祭りはペルシアで起きた迫害からユダヤ民族に救いがもたらされたことを記

念するものです。エステル記はB.C.5世紀後半からB.C.4世紀ごろに記され、ダニエル書と共通するところがあると考えられています。

　物語の舞台はペルシアです。この国の王クセルクセスは美しい王妃ワシュティが自分の命令を拒んだため、退位させます。ワシュティに代わって大勢の女性の中から王妃に選ばれたのが、バビロン捕囚（ほしゅう）で移住させられていたユダヤ人エステル（「星」の意味）でした。エステルはいとこで養父のモルデカイと力を合わせ、モルデカイを処刑するだけでなくすべてのユダヤ人を滅ぼそうとする大臣のハマンの悪事を砕き、ユダヤ人たちを危機から救いました。エステルはハマンの陰謀を王に知らせ、王はハマンの計画に憤り、ハマンは処刑されます。

　エステル記は、ユダヤ人たちがさまざまな迫害に耐え、命を守り抜いたことを確認するために記されたと考えられます。

ダニエル書　ダニエル書は黙示文学（もくしぶんがく）と呼ばれ、旧約聖書の中でも独自の位置を占めています。バビロン捕囚時代の出来事が記されていますが、おそらくシリアの王アンティオコス・エピファネス（在位B.C.175〜163年）によってユダヤ教が迫害された時代に書かれたものです。ダニエル（「神は私の裁き人」の意味）と3人の友がバビロンに移住させられますが、その地で神に対する正しい信仰を失うことなく、律法（りっぽう）に忠実な生活を送り、迫害に耐えて生き抜いたことが記されています。

　ダニエル書前半の1〜6章はダニエルがネブカドネツァル王の夢を解く物語やライオンの穴に投げ込まれる物語が記され、後半

獅子を前に立つダニエル（ブリトン・リビエール、1872年）

の7〜12章は黙示文学の形式で書かれ、さまざまな幻の中に「人の子」が登場し、この世の権力は滅び、神の支配が実現します。

　ダニエル書は厳しい迫害の中にある人々に慰めと励ましを与えるために書かれたと言えるでしょう。

ヨナ書　ヨナ書が記されたのはB.C.4世紀ごろとされています。預言書の1つとされていますが、預言者の言葉を集めたものではなく、預言者ヨナ（「鳩」の意味）の物語です。

　ヨナはアッシリアの町ニネベが滅びるという預言をするように神に命じられます。けれどもヨナは神の命令に反して、ニネベとは逆の方向のタルシシュに向かう船に乗り込みます。ヨナは外国人のために働きたくなかったのでした。船は大しけにあい、沈みそうになりました。海を穏やかにするために、ヨナは海へ投げ込まれます。海の中で神はヨナを巨大な魚にのみ込ませます。魚の腹の中で3日3晩過ごした後、ヨナは陸地に吐き出されます。再び神の命令を受けたヨナはニネベに行き、40日後にニネベが滅

びるという神の裁きを告げます。すると、ニネベの民はすべて悔い改め、町は滅びませんでした。

このことをヨナは不満に思い、町がどうなるかを見届けるために東のほうに小屋を建てて、座り込みました。神は小屋の上にとうごまの木を生やし、暑さから守る陰をつくりました。ヨナの不満は消え、喜びます。ところが、とうごまに虫が付き、1日で枯れてしまいます。それを惜しむヨナに向かって、神は外国人であっても悔い改めることによって救われるのだと語りました。

ルツ記と同様に、救いは同じ民族に限られているという考え方を批判する物語だと言えます。

哀　歌　哀歌は古くから預言者エレミヤが記したと考えられ、旧約聖書ではエレミヤ書の後に載せられています。哀歌という書名は「ああ、何と」という意味です。5つの詩や歌からなり、各節の最初の言葉がヘブライ語のアルファベット順になっていて「アルファベットによる詩」と呼ばれています。また、3章は66節、それ以外はすべて22節になっています。そのように文学的に工夫された完成度の高い作品です。B.C.586年ごろ、エルサレムが滅ぼされ、その絶望的な悲劇を目撃した作者が、神の憐れみと愛を告げています。

Ｑuestion

①ダニエル書に登場する「四頭の大きな獣」の幻（ダニエル書7章）は何を表しているのか、調べてみましょう。

②「ピノキオ」の物語とヨナ書の共通点を見つけてみましょう。

資　料

旧約時代年表

年代（B.C.）	事項
1900ごろ	アブラハム一族、カナンに移住
1800ごろ	ヨセフ、エジプトの宰相となる
1290ごろ	モーセの指導でイスラエル人がエジプトを脱出
1235～1200	ヨシュアの指導でイスラエル人がカナンに定着
1235～1020	イスラエルの士師時代
	イスラエル12部族が形成される
1200～900	ペリシテ人、パレスチナ沿岸平野に侵入
1050～1020	ペリシテ人、パレスチナ中部山地に進出、シロ滅亡
	サムエルの活躍
1020～1000	サウル、イスラエル初代の王となる
1000～961	ダビデ、ヘブロンでユダの王（7年間）、エルサレムでイスラエル統一王国の王（33年間）となる
961～922	ソロモン、エルサレム神殿を建設

（左欄縦書き：アブラハムからソロモンまでの時代）

931～　分裂王国時代

（左欄縦書き：王国の分裂から滅亡までの時代）

年代（北）	（北イスラエル王国の王と預言者）		年代（南）	（南ユダ王国の王と預言者）	
931～910	ヤロブアム		931～913	レハブアム	
910～909	ナダブ		913～911	アビヤム（アビヤ）	
909～886	バシャ		911～870	アサ	
886～885	エラ		870～848	ヨシャファト	エリヤ
885	ジムリ		848～841	ヨラム	
885～874	オムリ		841	アハズヤ	
874～853	アハブ	エリヤ	841～835	アタルヤ	エリシャ
853～852	アハズヤ		835～796	ヨアシュ	
852～841	ヨラム		796～781	アマツヤ	
841～814	イエフ	エリシャ	781～740	ウジヤ（アザルヤ）	
814～798	ヨアハズ		740～736	ヨタム	ホセア
798～783	ヨアシュ		736～716	アハズヤ（アハズ）	イザヤ、ミカ
783～743	ヤロブアム2世	アモス、ヨナ	716～687	ヒズキヤ	
743	ゼカルヤ		687～642	マナセ	
743	シャルム		642～640	アモン	
743～738	メナヘム	ホセア	640～609	ヨシヤ	エレミヤ
738～737	ペカフヤ		609	ヨアハズ	ナホム、ゼファニヤ
737～732	ペカ		609～598	ヨヤキム	
732～723	ホシェア		598	ヨヤキン	ハバクク
722	首都サマリア陥落		598～587	ゼデキヤ	エゼキエル
			587	首都エルサレム陥落	

年代（B.C.）		事　項
バビロン捕囚およびペルシア時代	587	バビロン捕囚
	568	ネブカドネツァル（在位605〜562）、エジプトに侵入
	549	キュロス2世（在位559〜530）、ペルシアとメディアを統合、ペルシアの支配が始まる
	538	キュロス2世、捕囚民を釈放、第1次帰還
	522	ダレイオス1世（在位522〜486）、捕囚民の帰還許可、第2次帰還
	520	エルサレム神殿の再建開始
	516	エルサレム神殿完成
	458	学者エズラ、エルサレムを訪問
	445	ネヘミヤ、エルサレムの知事に赴任
	444	エルサレム城壁の修複完成
ギリシア（ヘレニズム）時代	333	アレクサンドロス大王（在位334〜323）、パレスチナを征服
	332	アレクサンドロス大王、ティルスを攻略、サマリア人にゲリジム山への神殿建設を許可
	323	アレクサンドロス大王、バビロンで病死
	170	アンティオコス4世エピファネス、エルサレム神殿を略奪
	166〜63	ハスモン家（マカバイ）時代
	164	ユダ・マカバイ、エルサレムを奪回
	163	アンティオコス4世エピファネス、死去
	160	ユダ・マカバイの兄弟ヨナタンが祭司・王の称号を得る
	142	ヨナタン殺害、シモン・マカバイが政権を掌握、独立を宣言
	134	シモン暗殺、以降王位をめぐって同族の中で争う
	63	ローマ将軍ポンペイウス、エルサレムを征服
		ローマ帝国によるパレスチナ支配開始
	37〜4	ヘロデ王在位

■執筆者

浅野　純
北星学園女子中学高等学校

福島　旭
関西学院中学部

■編集責任者

山本真司
同志社国際中学校・高等学校

■編集協力

桃井和馬
写真家・桜美林大学特任教授
本書中の写真はすべて桃井和馬氏撮影・提供。

（所属・肩書きは執筆当時）

■地図・年表主要参考文献……………………………………………

• 『聖書　聖書協会共同訳』日本聖書協会　2018年
• 『新共同訳　聖書事典』日本キリスト教団出版局　2004年
• 『地図と絵画で読む聖書大百科』創元社　2008年
• 『バイブル・プラス』日本聖書協会　2009年

本書の印税は、キリスト教学校教育同盟の活動のために用いられます。

旧約聖書の教え
聖書協会共同訳対応版

2021年2月10日　第1版第1刷発行

編　者 …………………………………
キリスト教学校教育同盟

発行者 …………………………………
矢 部 敬 一

発行所 …………………………………
株式会社 創 元 社
https://www.sogensha.co.jp/
〈本社〉〒 541-0047 大阪市中央区淡路町 4-3-6
Tel.06-6231-9010　Fax.06-6233-3111
〈東京支店〉〒 101-0051 東京都千代田区神田神保町 1-2 田辺ビル
Tel.03-6811-0662

印刷所 …………………………………
株式会社 太洋社

©2021, Printed in Japan
ISBN978-4-422-14400-9 C1316

本書の感想をお寄せください
投稿フォームはこちらから ▶ ▶ ▶

カナン定着

フェニキア
ティルス
ヘルモン山
ダン
ナフタリ
アクシャフ
メロム
ハツォル
フーレ湖
アシェル
バシャン
キネレト
キネレトの海
（ガリラヤ湖）
ゼブルン
リモン
マドン
カルナイム
アシュタロト
カルメル山
イッサカル
アフェク
ゴラン
イズレエル平野
ドル
メギド
大海（地中海）
タナク
マナセ
ラモト・ギルアド
ヤベシュ・ギルアド
マナセ
シェケム
ヨルダン川
ヤボク川
エフライム
シロ
ガド
アンモン
ベテル
ギルガル
ベエロト
アイ
エクロン
アヤロン
ケフィラ
ベニヤミン
エリコ
アベル・シティム
ギブオン
ヨシュアの進路
アシュドド
キルヤト・エアリム
ダン
ヤルムト
エルサレム
リブナ
アシュケロン
ネボ山
ガト
ユダ
エグロン
ラキシュ
ルベン
ガザ
ヘブロン
塩の海
（死海）
キルヤト・セフェル
アルノン川
ペリシテ
ベエル・シェバ
モアブ
シメオン
エドム

0 10 20km